“厦门科普教育资源指南”系列丛书

（研学篇）

厦门科普教育资源指南

厦门市科学技术协会　编

厦门大学出版社　XIAMEN UNIVERSITY PRESS
国家一级出版社
全国百佳图书出版单位

图书在版编目（CIP）数据

厦门科普教育资源指南 ：研学篇 / 厦门市科学技术协会编. -- 厦门 ：厦门大学出版社，2022.9
（“厦门科普教育资源指南”系列丛书）
ISBN 978-7-5615-8706-5

Ⅰ. ①厦… Ⅱ. ①厦… Ⅲ. ①教育资源—厦门—指南 Ⅳ. ①G522.3—62

中国版本图书馆CIP数据核字(2022)第149129号

出 版 人 郑文礼
责任编辑 李峰伟
美术编辑 李嘉彬
技术编辑 许克华
版式设计 赖日成

出版发行 厦门大学出版社
社　　址 厦门市软件园二期望海路 39 号
邮政编码 361008
总　　机 0592-2181111 0592-2181406(传真)
营销中心 0592-2184458 0592-2181365
网　　址 http://www.xmupress.com
邮　　箱 xmup@xmupress.com
印　　刷 厦门市竞成印刷有限公司

开本 889 mm×1 194 mm 1/16
印张 13
字数 328 千字
版次 2022 年 9 月第 1 版
印次 2022 年 9 月第 1 次印刷
定价 68.00 元

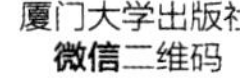
厦门大学出版社
微信二维码

厦门大学出版社
微博二维码

科学何以执念万物？

历史告诉我们，人类创新的巨大飞跃主要源自纯粹的好奇心。科学家爱因斯坦曾说过“最重要的事情是不要停止提问……永远不要失去神圣的好奇心”。

好奇心：人类的第四驱动力，每个人自出生起就有好奇心，激发人类不断探索未知世界的热情。随着年龄的增长，人们的好奇心逐渐退化，只保留了学习和探索的习惯。

中小学生正处于好奇心萌发的黄金时段，为了呵护孩子的每一份好奇心，我们特别推出“厦门科普教育资源指南”系列丛书，以厦门80家科普教育基地为主阵地，集合厦门全域精品科普研学项目，通过丰富多彩的科普研学课程，培育孩子的好奇心和探索意识，在孩子心中播撒科学的种子，将其培养成为我国建设现代化强国的中坚力量。

本书结合厦门地域特色，梳理厦门80家科普教育基地既有研学项目，以自然探索、海洋天文、传统技艺、工程技术、闳览博物5大主题脉络，甄选出权威、专业、符合青少年身心

发展规律的精品研学项目，涵盖半日体验、一日研学、多日研学等多种方案，并附有详细的研学目标、活动安排等信息，便于学校、家委、研学机构等群体全面了解厦门科普研学资讯，作为开展相应主题研学活动的重要参考。

同时，考虑到学校大研学活动的需求，立足内容差异化、方案完整度、特色鲜明化，遴选厦门龙头研学单位，特别规划了20条研学线路。模块化的呈现方式，便于学校根据自身需要自由组合，形成特色的综合社会实践活动，在“双减”背景下，不断探索科普研学的创新实践之路。

习近平总书记一再强调，“科技创新、科学普及是实现创新发展的两翼，要把科学普及放在与科技创新同等重要的位置”。面向青少年的科普研学活动，正当其时、正合其意。

目录

自然探索篇

项目1 “走进植物园”课程 / 3

项目2 走进植物研究所，探寻植物之奥秘 / 7

项目3 动物王国侦探实验室 / 10

项目4 夜间探索活动——“夜趣自然” / 13

项目5 “观察+”系列之果实 / 16

项目6 “观察+”系列之花 / 19

项目7 动物星球——我和动物交朋友 / 22

项目8 与植物交朋友 / 25

海洋天文篇

项目1 体验智慧海洋科技博物馆 / 31

项目2 “寻梦海丝”航海系列课程：海丝之路巨辉煌 千年古船今犹在 / 34

项目3 神奇的海洋生物 / 37

项目4 鱼你同眠——探寻世遗·海洋奇妙夜 / 40

项目5 向海而生 领略海洋奇缘：一颗微塑料的旅行 / 43

项目6 “筑梦九天”航天系列课程：天问访荧惑 祝融探火星 / 46

项目7　一滴雨的奇幻之旅 / 49
项目8　“航天之梦”系列课程：深邃太空 / 52
项目9　太阳系八大行星的故事 / 55
项目10　千年有约　探梦苍穹 / 58
项目11　探索海洋AI，聆听海洋之声 / 61

传统技艺篇

项目1　非遗剪纸穿越之旅 / 67
项目2　探秘闽台青草药非遗文化 / 70
项目3　制酱DIY课程 / 74
项目4　“智造工坊”系列课程：源本造物 / 77
项目5　国家级非遗·影雕研学课程 / 80
项目6　国家级非遗·闽南传统民居营造技艺研学课程 / 83
项目7　我是快乐小农夫 / 86
项目8　中草药品种认知与生长习性 / 89

工程技术篇

项目1　综合管廊是什么 / 93
项目2　“普及水治理，保护水环境”——实地参观城市污水处理厂 / 96
项目3　“生物与工程”系列课程：了不起的“动物工程师” / 99
项目4　创客工坊——吸管建筑师 / 102
项目5　“光影世界”系列课程：拾光之旅，领略全息世界 / 105
项目6　探秘光影，扬帆再启航 / 108
项目7　机（器人）·智（能制造）之旅 / 111
项目8　“筑梦蓝天 放飞梦想”青少年无人机研学 / 114
项目9　厦门三圈海陆空模型知识探索 / 117
项目10　无人机结构工程师 / 120

项目11 航空及无人机认知 / 123
项目12 人工智能应急救援 / 126
项目13 悬索桥的秘密 / 129
项目14 3D打印课程 / 132

闳览博物篇

项目1 模拟申奥 / 137
项目2 珐琅寻踪 / 140
项目3 皇宫屋顶上的“三有” / 143
项目4 “奇妙人体”系列课程：人体探险队 / 146
项目5 风婆婆的好脾气和坏脾气 / 149
项目6 “小宝当家”生命安全系列课程：防灾牢记心 安全伴我行 / 152
项目7 “学八·二三炮战历史 悟英雄三岛精神”红色爱国教育军旅体验 / 155
项目8 小小眼科医生职业体验 / 158
项目9 厦门大学化学化工学院校园开放日 / 161

厦门科普教育研学线路推荐

线路1 “日月安属 风云何起”天文气象1日研学 / 166
线路2 “传工匠精神 做匠心少年”诚毅科技探索中心＋优必学机器人基地1日研学 / 167
线路3 “以光为韧”厦门科技馆+3D打印科普教育基地1日研学 / 169
线路4 “小小建筑师”清华海峡研究院未来科技馆+厦门桥梁博物馆1日研学 / 170
线路5 “追光者”通士达光影体验馆+同安科技馆1日研学 / 172
线路6 “健康的你”科技馆+眼科医院科普基地1日研学 / 173
线路7 “保护水精灵”天文馆+水质净化厂+科技馆2日研学 / 174
线路8 “筑梦太空”诚毅科技探索中心＋厦门三圈模型科技体验基地2日研学 / 175
线路9 “海丝风貌 奇珍异兽”诚毅科技探索中心＋厦门灵玲国际马戏城2日研学 / 177

线路10 “游到海水变蓝”科技馆+海洋三所+海洋博物馆2日研学 / 179

线路11 “珍爱生命 共享健康”诚毅科技探索中心+保生青草药传习中心2日研学 / 180

线路12 “闲览博物鼓浪行”故宫鼓浪屿外国文物馆+厦门海底世界2日研学 / 182

线路13 “这就是生物”植物引种园+植物研究所+科技馆3日研学 / 183

线路14 “海错之旅”海洋探索5日研学 / 185

线路15 “海鹭空”厦门科普5日研学 / 187

线路16 “高新厦门 智启未来”工程技术5日研学 / 189

线路17 “描绘自然 探索自我”自然探索5日研学 / 191

线路18 “逐梦苍穹 向海而生”海洋天文5日研学 / 193

线路19 “非遗传承 乐享健康”传统技艺5日研学 / 195

线路20 “华夏之风 博物之美”闲览博物5日研学 / 197

自然探索篇

编者按

人类有百万年生活在蛮荒大自然里。我们的祖先为了适应自然环境，生理、心理随之发展出了各种适应性，这些均印记在我们的细胞基因中。

人类的成长过程与大自然是如此的息息相关，可是现代的都市儿童又是如此地远离大自然。儿童自然探索教育就是在此前提下，用最省时又最有效率的方法，让儿童接受自然的洗礼。

大自然是孩子们最广阔的教室，赋予孩子们取之不尽的源泉。

引导孩子们到自然中去做观察，看自然的连续剧，听自然讲故事，去发掘各种生物的武功或特技——自然是一个整体，每个生命都相互联系。看起来很丑的毛毛虫，最后会变成蝴蝶；狼会吃小鹿，但没有狼，小鹿会吃光一片草原……

孩子们通过自然观察与探索，发现自然生态间的生命关系，感受大自然共生共荣的基本原则，树立珍惜生命、尊重生命的生活态度。

我们相信：大自然教会孩子的事，将让孩子受益终生。

项目 1 “走进植物园”课程

基地名称

厦门市园林植物园。

厦门市园林植物园

厦门市园林植物园科普展馆

研学主题

“走进植物园”课程。

核心理念

校内外课程融合，跨学科知识实践，培养科学探究精神。

课程简介

“走进植物园”课程是厦门市园林植物园打造的与学校教学内容互补的科学教育课程。该项目针对小学三年级“科学”课中生命系统的构成层次、生物与环境的相互关系中关于植物的内容，综合利用植物园的专类园区（奇趣园、花卉园、多肉植物区、雨林世界）的真实环境，通过观察、实验、测量、调查等科学方法，使学生形成科学探究的意识，获得科学知识等。在植物园的课程结束后，每个学生需完成一份“走进植物园”的学习手册，这本学习手册包含专类园的介绍、自然笔记、科学小调查等内容。为强化并扩展在植物园内观察到的内容，提高学生发现问题并解决问题的科学思维能力，可由校内老师指导学生通过思维导图来梳理知识点，或创作自然笔记，或利用科学思维板来引导学生分组做小小课题。

课程亮点

1 多样生态资源

课程立足自然这个大课堂，充分利用园区内多样的生态环境资源，合理选择路线，通过户外探索观察、体验拓展等方式了解植物的多样性以及各种植物的特点，感悟植物们适应自然的神奇。

2 多种学习策略

课程综合运用多种学习策略，如体验式学习、自主学习、合作学习、任务驱动式学习，充分调动学生的学习主动性和学习兴趣，活动主体从教师的“教”转向学生的“学”，教师坚守“指导者”这一身份。

3 多维教学融合

课程注重多学科知识交叉融合，创设良好的学习情境，设计适宜的探究问题，确保学生有充足的时间探究、实践与思考，引发学生认知冲突，激发积极思维。

课程目标

1 知识目标

认识植物的基本结构，了解植物的多样性，举例说出生活在不同环境中的植物的外部形态具有不同的特点，以及这些特点对维持植物生存的作用。

2 情感目标

通过户外探索观察，提升对自然环境的感知力和探索自然的好奇心，从而树立尊重自然、保护自然的生态意识，并转化为实实在在的行动。

3 能力目标

学会思考、倾听、讨论、合作，掌握观察、实验、测量、推理、解释等科学方法，培养科学创新思维能力和科学探究实践能力，反思学习过程与结果，具有初步的自主学习能力。

4 思政目标

围绕育人目标和学生需求，结合“生物学”“自然科学”等课程的内容，着力打造配套的课程体系，有组织地带领学生投身到植物园户外教学活动中，初步培养学生保护环境、节约资源、推动生态文明建设和可持续发展的责任感。

研学对象及其认知需求

小学三年级

课程需要参与者掌握基本的逻辑能力，有独立思考的能力，以具体形象思维为主，能够与他人合作，可以通过简单的对比得出结论。整体的活动符合小学三年级学生的认知规律。

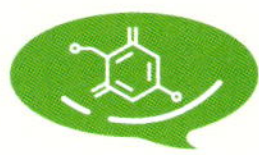

课程内容安排

序 号	主 题	课程名称	教学目标	地 点	时 间
1	课程前测		用于课程评估	学校	9月
2	课程介绍	奇妙的植物世界	1.了解植物世界的奇妙； 2.学会植物的观察方法； 3.了解自然笔记的制作方法	学校	9月
3	认识植物各器官形态的多样性	叶之密语	1.认识植物叶形、叶色的多样性； 2.了解叶片的结构与功能； 3.认识几种特殊叶的变态结构，如猪笼草等	奇趣园	10月
4		花花世界	1.认识植物花形、花色的多样性； 2.认识花的基本结构及花的作用； 3.了解花传粉的几种方式	花卉园	11月
5	认识各种生态环境下植物的适应性	百变多肉	1.了解沙漠的世界分布及气候特征； 2.认识多肉植物的几大特点，并认识几种代表性的多肉植物； 3.了解多肉植物是如何适应沙漠气候的	多肉植物区	4月
6		雨林探秘	1.了解雨林的世界分布及气候特征； 2.了解雨林植物的特殊生长现象，并认识几种代表性植物； 3.了解雨林环境对人类的重要作用，以及如何保护雨林	雨林世界	5月
7	课程总结与展示	课程评估、自然作品展览	1.完成学习手册及课程后测； 2.课程总结结合校园科技节，开展自然作品展览； 3.主题叶贴画展、种子贴画展、自然笔记展等	学校/植物园	6月

以花花世界为例，具体课程流程如下：

时间段	活动环节	活动目标	活动内容	活动场地
9:00—9:05	集合	通过问题引导学生进行课程的学习	破冰，介绍专类园及课程	花卉园
9:05—9:15	花色小调查	了解花色多样性，培养观察能力，通过变色实验培养学生提出问题、思考问题的能力	分组协作开展花色小调查、花色变色小实验	花卉园
9:15—9:20	辨味识花	通过不同味道的花卉引发学生思考、讨论，培养学生提出问题、思考问题的能力	选用不同味道的花让学生闻并讨论，提出问题“花的味道有什么用”，让学生体验及思考	花卉园

续表

时间段	活动环节	活动目标	活动内容	活动场地
9:20—9:35	认识花儿	通过寻宝环节，让学生根据卡片寻找各组的花，并通过观察、讨论、分享、记录等环节，培养学生科学思维	1.每组学生抽取卡片并寻找到卡片上指定花朵，仔细观察这朵花的形状及组成部分； 2.小组共同合作向小伙伴们介绍花的形状和结构，描述各组的花是什么形态结构； 3.讨论讲解花朵结构、传粉概念	花卉园
9:35—9:45	传粉小帮手	通过探究了解花的不同传粉方式	1.每组学生抽取一种花朵，由每组学生仔细观察，并根据花朵特征进行讨论，分析辨别这朵花的传粉方式； 2.每组选择一种合适自己组花朵的传粉方式，随后以小组为单位向小伙伴们汇报选择这种传粉方式的原因	花卉园
9:45—10:00	人工授粉	了解在没有合适的传粉媒介条件下，如何靠人工帮助植物进行传粉解决实际问题。掌握人工授粉的方法，提升动手实践能力	1.总结前面关于花结构的知识点，巩固授粉概念； 2.辨别花的结构及授粉方案； 3.每组学生向小伙伴们分享自己组的花朵观察成果，以及授粉方案，讨论自己组的花朵能否授粉成功； 4.进行人工授粉，先由老师演示，之后分发工具让每个学生在老师指定的花上进行人工授粉	花卉园
10:00—11:00	小小植物学家	该环节由学生自行考虑环境条件，设计植物花的各个形态结构，引导学生在回顾原有花的知识的同时大胆探索新的内容，帮助学生理解新的知识点，提高思维能力	抛出问题引导学生将今天所学的知识进行汇总、思考、讨论、记录等，完成“小小植物学家”的汇报分享	花卉园
课后	课程总结分享	对整个课程进行总结分享及延伸	1.完成学习手册； 2.讨论交流，总结活动过程中的各种有趣发现，并根据上述主题内容的学习，自主选择有兴趣的探究问题，利用假期完成相关探究活动	学校

课程开展情况

课程教学人员配备：设计师 4 名、研学导师 5 名、研学助教 5 名、安全员 4 名。自2017年开展至今每年开展25次课，共计8000多人次的学生完成课程。

项目 2 走进植物研究所，探寻植物之奥秘

基地名称

福建省亚热带植物研究所。

福建省亚热带植物研究所

研学主题

走进植物研究所，探寻植物之奥秘。

核心理念

走进植物研究所，体验大自然的奇妙，探寻植物的种种奥秘，培养学生科学的学习态度和对科研的兴趣。

课程简介

大自然是孩子的第二课堂，从小培养孩子热爱自然、尊重生命是孩子社会实践活动中不可或缺的部分。在课余时间带着孩子到植物研究所，亲近自然，感受花花草草，了解植物科普，无疑是一件非常有意义的事。带孩子来植物研究所进行植物科普游学，不仅能够游览所里的秀丽美景，还能和花花草草进行一次深刻的交谈，了解各种植物的科普常识，如植物名称、花期、科属、生长环境、功效等；既可体验大自然的奇妙，又能探寻植物的种种奥秘，通过有趣的户外科普形式，培养学生科学的学习态度和对科研的兴趣，以及对大自然的热爱之情。

课程亮点

1 丰富的教学内容

（1）了解植物的形态、特征、分类、用途和物候期特征。

（2）了解植物的栽培、养护和植物资源开发利用技术。

（3）认识植物的生存智慧和策略，探寻植物的种种奥秘。

（4）认识生物相关实验室的构造，了解主要科研仪器和设备的功能用途。

2 多样的教学互动

各植物分类区定点安排老师带领学生参观、讲解与互动交流；听植物学博士做相关科普报告；生物实验基地的参观、讲解、操作和互动交流。

3 多维的教学融合

课程注重多学科知识交叉融合，设计适宜的探究问题，创设良好的学习情境，确保学生有充足的时间探究、实践与思考，激发学生积极思维。

课程目标

1 知识目标

完成幼儿园、小学、初中、高中、大中专等相应年级的教学目标；通过观察、记录、探讨等方式了解植物的形态、特征、分类、用途和物候期特征；了解植物的栽培、养护和植物资源开发利用技术；认识植物的生存智慧和策略，探寻植物的种种奥秘；认识生物相关实验室的构造，了解主要科研仪器和设备的功能用途。

2 情感目标

通过户外探索观察，既可体验大自然的奇妙，又能提升对自然环境的感知力和探索自然的好奇心，培养学生科学的学习态度和对科研的兴趣，从而树立尊重自然、保护自然的生态意识。

3 能力目标

通过参观、讲解、互动探究、动手实操等方式，掌握观察、测量、实验、推理、解释等科学方法，培养学生科学创新思维能力和科学探究实践能力。

4 思政目标

围绕育人目标和学生需求，结合“植物分类科普”“植物资源开发利用”“实验仪器操作”等课程的内容，着力打造配套的课程体系，有组织地带领学生投身到植物研究所户外教学活动中，增强学生节约和环保意识，初步树立珍惜资源、节约资源、保护环境、热爱自然的观念。

研学对象及其认知需求

幼儿园、小学、初中、高中、大中专学生

课程需求根据学员的年级特征安排不同的课程内容。整体的活动符合幼儿园、小学、初中、高中、大中专学生相应年级的认知规律。

课程内容安排

时间段	活动环节	活动目标	活动内容	活动场地
9:00—9:10	签到		成员集合，分组	研究所大门
9:10—9:30	研究所概况及植物资源介绍	使学生了解研究所概况及植物资源	1.走进植物研究所，了解研究所概况； 2.研究所植物资源介绍	植物标本室
9:30—10:00	植物标本室、科普画廊参观	通过专业知识讲解，让学生了解植物的形态、特征、分类、用途和物候期特征。用开放性问题，引发学生思考	1.参观植物标本室、科普画廊等，并进行专业的知识讲解； 2.了解植物的形态、特征、分类、用途和物候期特征； 3.根据学生的年级特征做不同的讲解	植物标本室、科普画廊
10:00—11:00	1280园艺中心、茶花圃、金毛蕨、冬令花木、鱼菜共生系统、三角梅园、归朴园、药用植物、园区乔木灌木等参观讲解	通过参观和老师的专业知识讲解，让学生认识植物的栽培、养护和植物资源开发利用技术。 通过彼此间的互动交流，让学生认识植物的生存智慧和策略，探寻植物的种种奥秘，培养学生科学的学习态度和对大自然的热爱之情	1.植物的栽培、养护和植物资源开发利用技术讲解与交流； 2.认识植物的生存智慧和策略，探寻植物的种种奥秘； 3.根据学生的年级特征做不同的讲解，培养学生科学的学习态度和对大自然的热爱之情	1280园艺中心、茶花圃、东华园、鱼菜共生系统、三角梅园、香料植物区、园区乔木灌木等
11:00—11:45	1.听科普讲座； 2.参观福建省亚热带植物生理生化重点实验室、海西植物天然产物提取纯化中试基地等相关生物实验室（主要针对初高中生、大中专生） （可二选一，具体根据学生的年级情况而定）	通过听科普讲座，学习植物专业知识；通过参观互动交流，认识生物相关实验室的构造，了解主要科研仪器设备的功用，培养学生对生物科研的兴趣	1.根据学生的年级特征，让博士们分享相应的科普讲座； 2.针对初高中生、大中专生，通过实验室参观与讲解活动，认识生物相关实验室的构造、主要科研仪器和设备的功能用途，培养对生物科研的兴趣	福建省亚热带植物生理生化重点实验室、海西植物天然产物提取纯化中试基地等相关生物实验室
11:45—12:00	活动结束	感兴趣的学生可以与老师进一步再交流	课程活动结束，感兴趣的学生可以与老师进一步再交流	研究所

课程开展情况

课程教学人员配备：福建省亚热带植物研究所（原中国科学院华东亚热带植物研究所）是专门从事热带、亚热带植物生理、生化、生态研究及植物资源开发利用的科研事业单位，是湖里区、厦门市、福建省科普教育基地，也是厦门市中小学生社会实践基地之一。研究所有70名可兼职开展科普工作的专业技术人员。

2022 年 1 月至 5 月，已开展 15 次课，共计 1120多人次的学生参与课程。

3 动物王国侦探实验室

基地名称

厦门科技馆。

厦门科技馆
研学基地

研学主题

动物王国侦探实验室。

核心理念

近距离与动物互动，科学实验探案，践行守护自然的使命。

课程简介

本课程为厦门科技馆位于海沧区的物种乐园（即动物王国）开展的系列主题课程，第一课“动物大侦探”以“蛋宝宝失踪疑案”为主线，学生化身小侦探，与园区黑王蛇、葵花鹦鹉、老爷树蛙等各类动物进行互动，结合科学实验逐步揭开案件真相。第二课主题“爬宝实验室”主角为园区爬行动物，学生将继续以小侦探的身份探寻各类爬行动物的结构特点、生活习性、特殊本领等，形成爬宝档案“爬行动物图鉴”，为第三节课案件“蜥蜴的秘密”的侦查做好准备。第四课“奇妙的奶娃娃”主角为园区哺乳动物，包括梅花鹿、龙猫、臭鼬等，主线案件为“鹿小姐的晚餐”。

课程亮点

1 近距离动物互动

物种乐园中有鱼类、两栖类、爬行类、鸟类、哺乳类等近100种实体动物，学生需通过与动物互动并调查其相应特点以辅助案件真相的推理。

2 拟人化案件发展

案件都发生在物种乐园中，山羊国王（青山羊）、老苏将军（苏卡达陆龟）、鳄鱼大人（暹罗鳄）等角色都被赋予了身份与个性，亲切而生动。

3 科学实验探案

“案发现场白色泡沫是蛇的唾液吗？”“如何证明嫌疑动物是变温动物？”……破案过程借助科学实验进行线索的调查与分析，“让科学更好玩”。

4 课程标准链接

课程契合了义务教育小学课程标准中“简要描述动植物特征、认识生物多样性、认识人体生命活动”等目标，让学生在潜移默化中学习相关科学知识。

课程目标

1 知识目标

了解动物的分类、特征和本领，以及多样性；知道不同的动物如何通过不同的方式维持生存和解决生活中遇到的问题。

2 能力目标

能够通过查阅资料与调查，结合校内知识了解动物的类型和特殊本领；能够通过实验探究事物的原理，培养严谨的实验思维。

3 情感目标

愿意与同伴合作开展动物观察与探索活动；能够爱护小动物，对动物表现出爱心与尊重；能够践行守护自然的使命。

研学对象及其认知需求

低龄段亲子课程

幼儿园至一年级，此阶段学生暂时不具备独立阅读思考、完成探究任务的能力，课程内容设计上以图片及活动为主，由教师主导、家长辅助理解活动任务。

高龄段独立课程

二至六年级，课程知识、实验及活动设计相对低龄段更为复杂，要求学生具备独立阅读思考、完成探究任务的能力。

课程内容安排

此课程为系列课程，每节课时长为半日，以下将以第二课“爬宝实验室”的高龄段课程为例列举主要研学过程安排及其分解目标。

时间段	活动环节	活动目标	活动内容	活动场地
9:00—9:10	签到			自然教室
9:10—9:30	热身活动：我是大侦探	使学生相互熟悉，尽快融入课程主题	1.发放课程材料，分组； 2.进行侦探眼力、听力、推理能力挑战	自然教室
9:30—10:00	环节一：爬行动物分分类	培养学生通过查阅资料，搜索爬行动物的类型和特殊本领的能力	1.观察拿到的30种爬行动物照片，按自己的理解将其分成4类； 2.搜索课程资料《动物大百科全书》，验证分类并学习分类原理	自然教室
10:00—10:30	环节二：爬宝搜寻大作战	通过小组竞争培养团队协作意识，通过分享展示培养学生的表达能力	1.以小组为单位到场馆中搜寻上述30种爬行动物，记录找到的动物； 2.找出感兴趣的物种，通过铭牌及实验探究它们的本领：给鳄鱼喂食大骨等，完成探究分享展示	物种乐园
10:30—11:10	环节三：冷血与温血	学会设计对照实验探究动物的体温变化，了解冷血与温血动物体温调节机制的不同	1.分组设计鬃狮蜥及人体受热前后温度变化实验； 2.对比人、鬃狮蜥温度与环境的关系，总结出温血动物与冷血动物的温度变化特征； 3.学习恒温动物与变温动物相关知识	物种乐园
11:10—11:50	环节四：蛇宝向前冲	通过变换爬行条件探究蛇的不同爬行方式，学会与小动物友好相处	1.分别让玉米蛇在玻璃、草地、木板上及透明管道中进行爬行，观察现象； 2.总结实验，得出蛇爬行的外部条件及在不同条件下的爬行方式，思考其原因； 3.给不同爬行方式命名并阐述理由	物种乐园
11:50—12:00	课堂总结及徽章发放	回顾课堂内容及个人表现，学会复盘	1.教师总结课程内容及收获，学生进行自我评价； 2.教师给学生发放鬃狮蜥徽章	自然教室

课程开展情况

课程教学人员配备：设计师 1 名、研学导师 1 名、研学助教 1 名、安全员 1 名。2022 年 2月至5月，开展高、低龄段各8次课，共计470人次的学生参与课程。

项目 4 夜间探索活动——“夜趣自然”

基地名称

厦门市园林植物园。

厦门市园林植物园

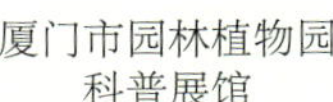
厦门市园林植物园科普展馆

研学主题

夜间探索活动——“夜趣自然”。

核心理念

情景式教学，培养科学探究精神。

课程简介

夜间探索活动是近些年在中国多个植物园兴起的一种环境教育形式：在不违反自然规律的前提下，参与者通过领队带领，在夜间于园区内进行自然观察。领队引导参与者感知、观察和探究周围环境，零距离感受大自然。厦门市园林植物园“夜趣自然”研学课程主要以观赏、引导为主，以自身植物园现有资源，在老师的带领下发现和体验自然。参与者可通过视觉、听觉、嗅觉和触觉，在夜间近距离观察昆虫和动植物，在亲身体验和探索中，感受夜间大自然的真实面貌、勃勃生机与生存智慧，学习夜间户外活动的技能，挖掘自我探索的潜能，并由心生发出尊重生命、保护环境的意识。

课程亮点

1 降低“惧生物性”

观察植物主要是靠静态的视觉和嗅觉，而观察动物还可以依靠听觉，观察动物的动态行径，互动性更强。带领小朋友们用五感感受自然，点燃自然观察兴趣，降低惧生物性，提升亲生物性，传递生物多样性保护理念。

2 诱发“猎奇心理”

以神秘有趣、生机勃勃为主要特点，夜幕下的植物园满足了孩子们的好奇心、求知欲。“以学习者为中心”，重视小朋友们创造力的激发和提出问题并解决问题能力的培养，它可以使被动学习变成主动学习，诱发小朋友们的猎奇心理。

3 实现“寓教于乐”

师生的多向交流互动中注重传递动植物之间的关系、动植物生长发育的科学机制等，并借由通俗易懂的小故事来讲述动植物生存的智慧和动植物所承载的文化故事，帮助小朋友们了解生物（包括人）与自然环境之间的紧密关系，提升小朋友们保护大自然的意愿。

课程目标

1 知识目标

理解“夜间活动”一词，描述夜间活动动物的一些适应能力；通过对夜间动植物的形态观察及行为了解，认识日夜间动植物的生活习性差异。

2 情感目标

通过对自然界的观察、探索、思考，认同热爱自然、保护环境以及保护当地动植物资源的积极意义。

3 能力目标

能利用多种感官或简单的工具，观察对象的外部形态特征和现象，并能对这些特征和现象进行简单的比较、分类等，具有初步的收集信息和得出结论的能力。

4 思政目标

活动以生态文明理念为引领主线，将传统、单一的动植物科普项目整合成以生命科学为系统的生态科普项目，具有前瞻性、系统性。

研学对象及其认知需求

一至九年级

课程需要参与者有一定的逻辑思维能力，能够进行独立思考，掌握基本观察、分类、总结能力。整体的活动符合一至九年级学生的认知规律。

课程内容安排

时间段	活动环节	活动目标	活动内容	活动场地
18:15—18:30	集合		报到	植物园西门
18:30—18:45	夜观讲座	1.认识几种常见的夜行动物，引导学生了解夜行动物适应夜晚的特点，为即将到来的夜游增加知识储备； 2.对黑夜充满兴趣； 3.熟知夜间户外探究的注意事项	介绍植物园夜间观察的大体情况、户外观察的方法、观察工具的使用、五感体验、夜间户外观察的注意事项等	科普馆
18:45—20:45	夜间户外探究	通过亲身体验，让学生发现即使在城市生态环境中，也依然有那么多鲜活的、神奇的生命，激发他们的好奇心，去了解、探索大自然，进而自然而然生发出要保护自然的愿望	以分组观察的形式观察夜间的动物和植物，打开感官，体验自然的同时注重导师与学生间的互动性和参与性，穿插各种问答及自然游戏环节	科普馆内的蔷薇园
20:45—21:00	总结分享	1.通过分享了解学生参与课程的感受； 2.通过分享提升学生的语言表达及归纳总结的能力	课程总结，分享收获，分享相关调查结果	科普馆

课程开展情况

课程教学人员配备：设计师 4 名、研学导师 5 名、研学助教 5 名、安全员 4 名。
自2012年开展至今每年开展10次课，共计逾4000人次的学生完成课程。

项目5 “观察+”系列之果实

基地名称

厦门华侨亚热带植物引种园。

厦门华侨亚热带植物引种园

研学主题

“观察+”系列之果实。

核心理念

果实分门别类，学习科学归类的原理。

课程简介

厦门华侨亚热带植物引种园自1959年以来一直致力于收集世界各地热带亚热带经济植物，如今，热带果树资源已成为该园的亮点。这里有100多种来自美洲、非洲、澳洲及东南亚的珍稀果树。我们设计以“果”为主题的活动，开放缤纷水果市场，邀请小朋友们前来通过望、闻、尝等多个感官来认识这些异国他乡的植物，开展水果知识互动，换取品尝的机会；果实分门别类，学习科学归类的原理。

课程亮点

1 自然体验

多种稀有水果认知及品尝，酸与甜的趣味体验。

2 知识问答

通过发现和解决实际问题来达到知识与能力的建构，让学生开启主动学习之路。

3 教材与实物的完美结合

结合教材果实类型、果实传播方式、果实结构等多个知识点，让学生在实践中，将课本上平面的文字变得立体而生动。

课程目标

1 知识目标

通过观察、记录、探讨等方式了解果实类型及结构。

2 情感目标

了解植物的智慧及人类在植物的传播过程中充当了哪些角色，建立人与自然的链接，埋下保护自然的意识。

3 能力目标

通过望、闻、尝等方式，培养学生的科学思维，学习如何去主动认识身边的事物。

4 思政目标

通过植物果实的基本知识，体会到植物智慧，体验到生态系统的整体性和复杂性。

研学对象及其认知需求

小学二至六年级

课程需要参与者掌握基本的逻辑能力，有独立思考能力及主动学习的动力。整体的活动符合小学二至六年级学生的认知规律。

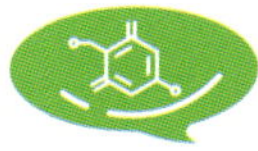

课程内容安排

时间段	活动环节	活动目标	活动内容	活动场地
9:00—9:10	签到		破冰活动：自我介绍	科普展厅
9:10—9:20	分组	带着好奇心进入活动，提高主观能动性	以园区果实为小组名，分为3 ～ 4个小组	科普展厅

续表

时间段	活动环节	活动目标	活动内容	活动场地
9:20—10:30	园区游览及知识讲解	通过嗅觉、视觉及味觉多个触感来全方位认识果实；用开放性问题，引发学生思考，提高知识汲取度	1.认识不同的水果，找到自己组名对应的果树； 2.通过观察分析果实的结构； 3.通过问答积分换购水果，共设置20道题，涉及果实的类型、果实的特征、果实的发育等，每种水果对应不同积分，选择换购	果树资源圃
10:30—11:00	换购及分享	通过一场与众不同的味觉体验，让学生感受植物的神奇	1.以积分换购对应的水果，可以选择相互分享； 2.提供神秘果，体验神秘果与大叶藤黄的奇妙搭配	果树资源圃

课程开展情况

课程教学人员配备：设计师及研学导师 1 名、研学助教 1 名、安全员 2名。2021 年1月至 2022 年6月，已开展 3 次课，共计60余人次的学生参与课程。

项目 6 “观察+”系列之花

基地名称

厦门华侨亚热带植物引种园。

厦门华侨亚热带植物引种园

研学主题

“观察+”系列之花。

核心理念

以科学思维引导，认识花部结构。

课程简介

花，是植物繁殖的器官，也是绘画、摄影和文学的不朽主题。那关于“花”，你认识多少呢？雄蕊、雌蕊、花药、胚珠、花瓣、子房……这些术语听起来既熟悉又陌生，它们都是一朵花不可或缺的结构。我们设计以“花”为主题的活动：带着大家在自然中畅游，观察了解花部结构；通过花结构微观解剖，锻炼动手能力，提高专注力。

课程亮点

1 自然体验

将枯燥的课本知识带入生动活泼的现场体验；利用显微镜的放大功能，野花野草也格外生动。

2 科学思维

被子植物的复杂性很大程度上体现在花形态结构的多样性上，对花的各个部分进行精准的解剖，科学地认识花部结构。

3 教学实践

教案穿插小错误，让参与者以实践来进行检验。

课程目标

1 知识目标

通过观察、解剖、探讨等方式了解不同花的结构特点。

2 情感目标

了解植物的智慧及人类在植物的传播过程中充当了哪些角色，建立人与自然的链接，认识自然，亲近自然，产生保护大自然之心。

3 能力目标

通过探究、动手实操等方式，培养学生的科学思维。

4 思政目标

通过解剖花部结构，引导学生探索花与传粉者之间的关系，初窥生态系统的整体性和复杂性，进而初步理解生态文明建设的意义和人类命运共同体构建的价值。

研学对象及其认知需求

小学二至六年级

课程需要参与者有一定的动手能力及逻辑思维能力。整体的活动符合小学 二至六年级学生的认知规律。

课程内容安排

时间段	活动环节	活动目标	活动内容	活动场地
9:00—9:10	签到		破冰活动：自我介绍	科普展厅
9:10—9:20	分组	带着好奇心进入活动，提高主观能动性	自由分组，选择自己喜欢的花名作为组名，选出自己的小组长	科普展厅

续表

时间段	活动环节	活动目标	活动内容	活动场地
9:20—10:30	园区游览及知识讲解	体验异域风情，挖掘花朵之间的异同	游览热带亚热带果树区，看看平日我们吃到的水果诞生之地，欣赏花朵绽放之美	园区
10:30—11:00	花结构解剖	锻炼动手能力，提高专注力；培养艺术美感及科学思维	我们为大家准备好了镊子、解剖刀和放大镜，每个人可以研究两种花，认真仔细地学习观察方法，解剖各个花部结构	科普教室
11:00—11:30	分享	提供自我表达机会，提高自信心； 学会归纳总结	活动分享，合影，领取小礼物	科普教室

课程开展情况

课程教学人员配备：设计师及研学导师 1 名、研学助教 1 名、安全员 2名。

2021 年11月至 2022 年6月，已开展 3 次课，共计60余人次的学生参与课程。

项目 7 动物星球——我和动物交朋友

基地名称

厦门灵玲国际马戏城。

厦门灵玲国际马戏城

研学主题

动物星球——我和动物交朋友。

核心理念

探索与了解有趣的动物知识，感悟与懂得生物链的重要性，学会互爱互助与感恩父母。

课程简介

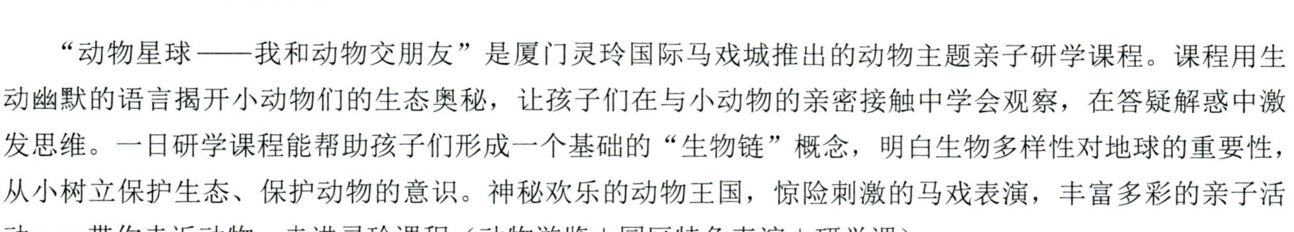

“动物星球——我和动物交朋友”是厦门灵玲国际马戏城推出的动物主题亲子研学课程。课程用生动幽默的语言揭开小动物们的生态奥秘，让孩子们在与小动物的亲密接触中学会观察，在答疑解惑中激发思维。一日研学课程能帮助孩子们形成一个基础的“生物链”概念，明白生物多样性对地球的重要性，从小树立保护生态、保护动物的意识。神秘欢乐的动物王国，惊险刺激的马戏表演，丰富多彩的亲子活动……带你走近动物，走进灵玲课程（动物游览＋园区特色表演＋研学课）。

课程亮点

1 带着问题探索

在开启研学旅行之前提问关于动物知识点的问题，让学生带着问题出发。学生通过游览参观和听讲解，认识各种动物，并在导师的引导下知道如何区分动物食性、了解什么是食物链。

2 多维度知识构建

从视觉、听觉、触觉等多维角度构建起学生对生物和生态的基础知识结构，能够形象生动且印象深刻地帮助学生建立保护生物的意识，从而进一步让学生领悟保护环境就是保护动物，保护动物就是保护自己的概念。

课程目标

1 知识目标

了解动物，知道世界上有多种多样的动物，建立物种多样性的印象，并了解各式动物知识。

2 情感目标

近距离观察动物，发现动物的可爱和友好，激发友爱之心。

3 能力目标

通过给动物准备餐食、近距离投喂等方式，培养动手能力以及观察能力。

4 思政目标

让学生通力合作一起抽取搭好的积木堆，并比赛哪组小队抽取积木块数量最多。积木的倒塌是必然的，比赛的过程锻炼了学生相互合作的能力。比赛结束后，把抽掉的积木比喻成消失的动物，最后倒塌的必然是整个生态环境，以此方式让学生明白生态系统的整体性和复杂性，初步理解保护动物、保护环境以及人类命运共同体构建的价值和重要性。

研学对象及其认知需求

幼儿园大班、小学一至六年级的亲子家庭

课程需要学生具备一定的动手能力、独立思考能力。整体的活动符合幼儿园大班、小学一至六年级的亲子家庭。

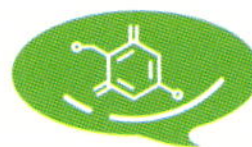

课程内容安排

时间段	活动环节	活动目标	活动内容	活动场地
9:20—9:30	签到		集合	研学广场
9:30—9:50	开营仪式	使学生相互熟悉、尽快融入课程主题	营队队员间自我介绍，热身小游戏——“趣味拍拍舞”	研学广场
9:50—9:55	动物王国入口处集合	整理好队伍，统一队形	集合入园	灵玲动物王国
9:55—10:05	进入园区		观看迎宾表演，入园前往孔雀舞台	灵玲动物王国

续表

时间段	活动环节	活动目标	活动内容	活动场地
10:05—10:20	观看表演		观看鹦鹉表演	灵玲动物王国之孔雀舞台
10:20—10:30	科普讲解	对动物简单了解，知道区分动物食性的标准，为食物链知识点做铺垫	讲解黑白疣猴—小浣熊—鸵鸟—金刚鹦鹉—黑天鹅	灵玲动物王国
10:30—10:40	观看表演	欣赏传统表演，开阔视界	观看各地传统表演	灵玲动物王国之中心舞台
10:40—11:00	科普讲解	对动物简单了解，知道区分动物食性的标准，为食物链知识点做铺垫	讲解鹈鹕—巨嘴鸟—水獭—河马—海狮	灵玲动物王国
11:00—11:15	观看表演		观看海狮表演	灵玲动物王国之海狮馆
11:15—12:30	科普讲解	对动物简单了解，知道区分动物食性的标准，为食物链知识点做铺垫	科普讲解耳廓狐—小熊猫—袋鼠园—长颈鹿—大熊猫—节尾狐猴—松鼠猴—细尾獴—棕熊	灵玲动物王国
12:30—12:40	观看表演	欣赏异域风情，开阔视界	观看异域舞蹈	灵玲动物王国之中心舞台
12:40—13:10	用餐	用餐之前服务家长，更进一步感受父母对自己的爱，同时也学会回馈爱	用餐前父母坐在位置上，等待孩子端饭给父母，并说："爸爸/妈妈辛苦了，请吃饭。" 学生完成此环节后，方可领取自己的午餐	灵玲动物餐厅
13:20—14:00	科普讲解	对动物简单了解，知道区分动物食性的标准，为食物链知识点做铺垫	科普讲解白虎—动物幼儿园—孔雀园—神兽乐园—绿和尚鹦鹉—兔子	灵玲动物王国
14:00—16:00	观看马戏	观赏由国际级团队联袂创制，汇聚五大洲、数百名马戏精英，并有金刚鹦鹉、阿拉伯狒狒、孟加拉白虎等上百种珍禽异兽等超豪华演出阵容，糅合杂技、舞蹈、沙画、滑稽、魔术、特技、武术、火技等多种艺术门类的精彩马戏表演，以拓宽眼界	观看马戏	灵玲国际马戏大剧院
16:00—16:20	观看花车巡游			灵玲动物王国
16:20—17:20	研学课堂	生态食物链知识科普、科普游戏互动、竞技游戏比拼、亲子任务协作以及全天研学游览回顾总结	结合研学活动中对动物的认知与互动，更深层次了解什么是生物链，并开展科普游戏，更加直观地明白生物链崩塌的后果，以及爱护环境、保护动物的重要性。回顾全天研学内容并让每位学生上台互动与发言	灵玲两岸亲子学院
17:20—17:30	研学课堂	闭营仪式	颁发结营证书、礼物并解散营队	灵玲两岸亲子学院

课程开展情况

课程教学人员配备：设计师 1 名、研学导师 2名、研学助教 3 名、安全员 1 名。2021年 1 月至2022年 6 月，已开展 61 次课，共计 860 人次的学生参与课程。

8 与植物交朋友

基地名称

美格农艺

厦门美格农艺科普教育基地。

研学主题

与植物交朋友。

核心理念

既亲身体验了大自然的气息并动手实践，普及了植物知识，激发学生对植物的兴趣和热情，提升学生对自然的热爱和保护，又融合了校内外课程。

课程简介

有趣的“与植物交朋友”研学课程，结合幼儿初步对颜色、形态的认知，小学生科学、语文、美术等多样性课程章节相关内容，带领学生走进神奇的大自然植物世界里。学生通过园区的参观：观察→听记→触→品尝→装饰→闻→问答→找→探索和动手实践相结合，不仅加深了校内课堂的植物知识，还补充了很多课堂外的知识。小朋友在认识自然、了解植物、喜欢植物中，保护自然植物的意识得到启蒙。

课程亮点

1 真实问题的解决

游戏的调解:“植物运动会”比赛，通过分组游戏比赛测试所学的知识程度。寻回记忆：寻找植物位置、寻宝并回答宝藏所提出的问题。

2 数语美科思维的实践

通过写作、修剪、绘制、分割等一系列实践环节及操作步骤，锻炼学生分析设计能力与动手操作能力。

课程目标

1 知识目标

完成幼儿阶段颜色形态的认知与小学科学教学目标，通过观察、记录、探讨等方式了解植物的习性及功能价值。

2 情感目标

了解植物的生存环境及功能价值，知道植物为人类提供氧气等，是地球的空气净化系统。植树不仅是重新补充绿色植物，更是保护我们的家园，因此植物与人类生活息息相关，谁也离不开谁。树立爱护植物、保护生命的意识。

3 技能目标

通过观察、探索、动手实操等方式，培养学生各方面的思维，发展设计和艺术能力。

4 思政目标

学生通过了解植物及动手实践，能从植物生态系统的整体性认识，初步理解植物生态文明建设的意义和人类命运共同体构建的价值。

研学对象及其认知需求

幼儿园及小学

课程需要孩子具备数语美科理解和应用能力、独立思考能力、团队合作协调能力、解决问题的能力，能凭借实际事物或从实际事物中获得知识并加以应用。整体的活动符合小学生认知规律，部分适用于幼儿园。

课程内容安排

时间段	活动环节	活动目标	活动内容	活动场地
8:30—9:00	签到		游戏组队	圆盘
9:10—9:40	与植物交朋友	认识美格农艺园区植物，并和园艺师一起寻找有趣的植物（如有肚子的、会香的、会臭的等），使学生亲密地融入大自然里，快速融入课程主题	吸引：故事导入。了解每种植物都有不同的故事，每种植物都有着不同的功能价值。 通过观察→听记→触→品尝→装饰→闻→问答→找→探索来学习了解植物的生长习。	园区植物的足迹
9:50—10:10	植物知识的分享会	了解植物的成长过程并学习如何把植物养得更好，让生命更好地延续下去	1.了解植物生长需求； 2.如何应用生活的水资源对植物进行浇水； 3.如何应用生活中的资源自制肥料； 4.植物能帮助我们消灭有害气体	美格自然堂吧
10:20—10:50	动手体验： （任选一种） 1.DIY艺术微盆景制作； 2.DIY播种； 3.植树； 4.DIY树叶的制作； 5.DIY植物组合； 6.耕馥田现代农业DIY	通过动手实践，激发学生的学习兴趣，动手操作可以增加学生的主观体验，“眼见百遍，不如手做一遍”	分细项解说： 1.DIY艺术微盆景制作：挑→摘→剪→绕→设计造型（盆景起源于中国，历史悠久，源远流长。经过学生艺术创作塑造大自然的优美景色）。 2.DIY播种：分割→盛水→装→洗→收→播→浇水→记录（播种是个愉悦的过程，心里充满了喜悦，看到自己的“成果”健康、茁壮地成长，是一件多么令人满足而快乐的事情）。 3.植树：领苗及工具→挖→脱→扶→填→踩→浇水（树木是地球的空气净化系统，植树不仅是重新补充绿色植物，更是保护我们的家园）。 4.DIY树叶的制作：观察→想→挑→剪→涂→粘→压→（穿→缝）（树叶就像一块块碧绿的翡翠，不同季节有着不同叶子的诗意又别具风情，让我们把它们展示出来吧）。 5.DIY植物组合：领→想→垫→装→脱→摆→填→装饰→浇水（植物组合盆栽往往给人一种美满的感觉，葱郁的植物样貌带来愉悦的心情，而将多种形态各异的多肉植物组合后，更能展现其视觉效果，让居家与心情都点缀了一处绿意）。 6.耕馥田现代农业DIY：挑→观察→播→浇水→记录（与时俱进，跟着现代步伐走，让我们跟着知识跟着科学往前冲）	长廊课堂 草地吧 森林之地 艺术区 草地吧 舒适吧
11:00—11:30	植物运动会比赛	通过分组游戏比赛测试所学的知识程度	寻回记忆：寻找植物位置、寻宝并回答宝藏所提出的问题。 评奖：一等奖、二等奖、三等奖 领奖：给予鼓励与肯定	园区植物的足迹
11:45—12:00	完成研学单	回顾加深学到的知识	完成研学单里面的作业	知识学堂
整个研学活动可以半天也可以一天，以行程来安排项目				

课程开展情况

课程教学人员配备：设计师 1 名、研学导师 1 名、研学助教 1 名、安全员 1 名。2021 年 1 月至 2022年5月，已开展 25次课，共计 3750人次的学生参与课程。

海洋天文篇

编者按

“上知天文、下晓地理”，是我们一直以来对孩子教育的目标，也是人类探索未知的方向。

古代中国是一个陆权意识大于海权意识的国家，我们在海洋探索方面需要补上重要一课。

如今，认识海洋、科学利用海洋，是全社会面临的重大课题。给孩子做海洋启蒙教育，让孩子们从小就对海洋生态环境、海洋科学发展趋势有个全面的认知，更系统地了解基于海洋的挑战和机会，以及大洋和大陆千丝万缕的联系，是实现我们海洋强国梦、构建人类命运共同体的必由之路。

看得见海洋深渊，我们也要记得英国天体物理学家霍金的告诫：“孩子，请记得仰望星空，不要只低头看你的脚尖。”

“遂古之初，谁传道之？上下未形，何由考之？”

《天问》所代表的，是中国人追寻宇宙奥妙的千年之叹，是数千年来探索无穷远方的不懈努力。

天文学是一个构建孩子宇宙观、激发孩子想象力的学科，能让孩子早早地以科学的视角认识这个世界：

原来除了我们生活的地球，宇宙还有那么多我不知道的星球；

原来天空中闪烁的星星，每一颗都有自己的名字......

当孩子拥有了宇宙观，其也就拥有了更高级的人生观、价值观和世界观。

体验智慧海洋科技博物馆

基地名称

厦门大学海洋科技博物馆。

厦大海洋科技博物馆

研学主题

体验智慧海洋科技博物馆。

核心理念

体验厦门大学海洋学科的百年底蕴和中国海洋A+学科的科技创新成果。

课程简介

整个海洋科技博物馆分为 6 个展区，综合展区、地质展区、生物展区、水声探测与通信展区、观海弄潮展区和机器人科创展区。综合展区展示了人类对海洋的探索手段和研究领域以及厦大海洋学科的发展和历史；地质展区则重在介绍地质学科的基本要素和单元，以及地球、海洋岩石圈的结构和演化历史；生物展区展示多种多样、丰富多彩的海洋生物标本，包括“嘉庚水母”（1926年）、中华白海豚、玳瑁等国家一级保护动物；水声探测与通信展区揭秘了潜艇、战舰、声呐、蛟龙号和海豚中的声学奥妙；观海弄潮展区主要呈现的是海洋水文观测在信息服务、防灾减灾等领域的应用，更有科考英雄“嘉庚”号的深海探险视频分享；机器人科创展区展示了厦大海洋在海洋、机械、电子等多学科交叉中，围绕水下机器人与智能传感方面取得的先进成果，更呈现了厦大海洋在水下机器人产—学—研—教的全方位成果。除了参观，学生还可以近距离地接触和体验博物馆的机器人和机器鱼，用专业显微镜观察浮游生物和岩石标本，网逛数字化海洋博物馆，VR体验南海科考。

课程亮点

1 展示厦门大学海洋学科的百年历史

全方位展示国内外海洋学科的历史与进展，百年来厦大海洋人在海洋各学科中取得的辉煌成就，让学生感受厦门大学海洋学科的百年底蕴。

2 展区覆盖海洋的各个科学领域

博物馆中展出的内容包括海洋化学、海洋地质、海洋生物、海洋物理和海洋物理等各个科学领域，可谓包罗万象；还展示了大学生创作团队在海洋文化方面的设计成果，展示了海洋科学文化的融合。

3 使用科学仪器

通过观察岩石切片标本和生物玻片标本，学习显微镜从低倍到高倍的使用方法。

4 体验数字化技术

能在手机上实现互动操作的具有教育和娱乐功能的仿生机器鱼；具有讲解功能的导览机器人；可以同时用虚拟技术和互联网+技术实现遨游的虚拟海洋博物馆；VR体验科考者用全景相机在海域拍摄制作的视频（注：以上4项根据参观安排体验2 ～ 4项）。

课程目标

1 知识目标

了解海洋学科（学科发展、海洋化学、海洋地质、海洋生物、海洋物理和物理海洋学科）的基本知识，厦大海洋学科的百年发展和历史底蕴，认识馆藏的珍稀标本，掌握海洋生物分类的分类树。

2 情感目标

了解中国海洋科学的发展，引发对海洋学科的关注和对海洋科学家的尊重；了解厦大海洋学科的历史和成就，产生学习海洋科学的向往之心。

3 能力目标

聚焦厦大海洋A+学科取得的创新科研成果、超强科研实力和最新科学知识，体验海洋高科技带来的美好体验，比如专业显微镜、VR，体验科考全景视频、讲解机器人和机器鱼，游览并学习互联网+数字化海洋博物馆。学生通过一系列的高科技体验，感受现代海洋科技的发展，开阔眼界与增长见识，提高动手能力。

4 思政目标

博物馆基于历史，让学生了解厦大海洋的百年底蕴；面向未来，体现博物馆的科技性、创新性，让孩子们在海洋科学神奇之旅中加强海洋意识教育，立定探索海洋的决心，大力促进青少年海洋素质的培养。

研学对象及其认知需求

幼儿园中班到大学生、成人及社会团体均可，根据人群调整讲解和体验内容。

课程内容安排

时　间	活动安排
9:00	集合
9:15—10:30	参观博物馆的综合展区、地质展区、生物展区、水声探测与通信展区和观海弄潮展区，并进行知识问答
10:40—11:40	参与各种高科技体验项目，使用专业显微镜观察标本、VR体验南海科考、近距离体验机器人和机器鱼
11:41—11:59	进行海洋知识竞赛并颁奖
12:00	活动结束

课程开展情况

课程教学人员配备：现场管理协调老师1名、展区讲解员2名、实践体验助教 2 名。2022年2月至5月，参与课程的人数达1645人。

2 “寻梦海丝”航海系列课程：海丝之路巨辉煌 千年古船今犹在

基地名称

诚毅科技探索中心。

诚毅科技探索中心

研学主题

“寻梦海丝”航海系列课程：海丝之路巨辉煌 千年古船今犹在。

核心理念

探索海丝文化，体验福船模型制作，揭秘船舶构造奥秘。

课程简介

诚毅科技探索中心“寻梦海丝”航海系列课程，下设“海丝之路巨辉煌 千年古船今犹在”“航海旗语知多少”“水手绳结大比拼”“科技航海大时代 一带一路中国梦”“海西青年承遗韵 研思砥砺众志成”等研学课程，以下将以“海丝之路巨辉煌 千年古船今犹在”课程为例进行分析。

本课程通过回顾大航海时代，带领学生了解古代海上丝绸之路的概念、发展历史、造船技术及商品工艺，掌握国家非遗技艺——水密隔舱福船；通过对海上丝绸之路时期科学技术的展示和“非物质文化遗产——水密隔舱技术”福船模型的动手拼装，让学生们感受祖国曾经达到的科学技术历史高峰，增强民族自豪感和文化自信，产生对海洋科技和发展的兴趣，同时由海上丝绸之路的贸易历史了解福建海商文化和国家大力推行的一带一路政策，由古及今，激励学生们努力学习报效国家。

课程亮点

1 海洋特色

品闽南乡土乡情，研千年海丝科技。

2 关注热点

发掘中国优秀文化遗产，体验式学习海上丝绸之路相关知识，感受一带一路新发展，提高人文素养。

3 动手实践

动手拼装福船，掌握国家非遗技艺“水密隔舱福船”制作技艺。

课程目标

1 知识目标

通过了解海丝文化发展历程，认识中华优秀传统文化的独特价值和突出优势；通过近距离探访古人造船的智慧结晶，学习水密隔舱非遗技术，探究“船不进水”的奥秘，进一步发展勇于探究、合作交流、沟通协调、实践创新等素养。

2 能力目标

在课堂的基础上，尝试结合语文、历史、地理、美术等课程的知识，认识海上丝绸之路的重要作用，并动手拼装水密隔舱福船，把合作学习与探究学习结合起来，培养团队合作、独立思考、动手操作能力。

3 思政目标

增强热爱祖国的情感，形成对中华优秀文化的认同，树立文化自信。

研学对象及其认知需求

小学三年级至初中二年级

课程需要参与者具备独立思考能力、团队协作能力及一定的动手能力。整体的活动符合小学三年级至初中二年级学生的认知规律。

研学设计思路分解

福建是中国古代“海上丝绸之路”的重要起点，拥有自己独具特色的“海丝”文化。而福船作为海上丝绸之路最重要的运载工具，曾经见证中外经贸文化交流的昌盛繁荣。

在教学中，首先进行“航海知识学习”互动体验活动，结合场馆资源，带领学生参观航海实验室展区，探究性学习航海知识。其次开展“福船模型”观察活动，再现历史情景，丰富学生对福船的感性认知，并提出问题：中国古代海上丝绸之路的具体情况是怎样的？福船对于海上丝绸之路的发展起到了什么样的作用？引导学生进行思考，结合“海丝之路巨辉煌 千年古船今犹在”知识讲座，学习海上丝绸之路相关知识，逐渐认识到福船的重要性。最后通过动手拼装福船，让学生对水密隔舱技术有更深层次的认识。

课程内容安排

时　间	活动安排
9:30	诚毅科技探索中心集合、签到
9:30—10:00	素质拓展，破冰体验
10:00—11:00	航海实验室展区体验，学习航海知识
11:00—11:30	福船展区参观，近距离感受国家级非物质文化传承人刘祖博先生亲手制作的福船模型
11:30—13:00	航海主题餐厅用餐
13:00—14:00	“海丝之路巨辉煌 千年古船今犹在”知识讲座，引导学生学习海上丝绸之路的发展历程、文化内涵、贸易交流等知识；深入讲解非遗传承技艺——水密隔舱福船
14:00—14:40	分组拼装福船模型
14:40—15:30	巨型滑梯体验
15:30	活动结束

课程开展情况

课程教学人员配备：设计师1名、研学导师1名、研学助教2名、安全员1名。

2021年1月至2022年6月，已开展26次课，共计2310人次的学生参与课程。

项目 3 神奇的海洋生物

基地名称

自然资源部第三海洋研究所科普教育基地。

自然资源部第三海洋研究所

研学主题

神奇的海洋生物。

核心理念

了解海洋生物多样性，提高海洋保护意识。

课程简介

课程通过鲸豚展馆、珊瑚保育馆，呈现海洋生物的原始风貌，使公众感受海洋生物的神奇与魅力；通过多媒体设备及影像资料，系统地介绍海洋生物多样性对海洋环境的重要性，宣传海洋保护的重要意义，提高中小学生海洋保护意识。

课程亮点

1 标本资源丰富

科普展馆中有我国目前保藏的最大的灰鲸标本、各类海洋珍稀动物标本（包括南极特有的海豹标本等）以及绚丽多彩的珊瑚，使学生对平时难以接触到的海洋生物有直观的体验。

2 授课老师专业

授课老师具有丰富的专业知识和科考经验，可以通过多媒体设备及影像资料选取海洋保护的任一角度进行科普讲座。

课程目标

1 知识目标

认识海洋珍稀生物，了解珍稀海洋生物相关基础科普知识。

2 能力目标

学会使用显微镜。

3 思政目标

了解海洋保护的重要意义，提高中小学生海洋保护意识。

研学对象及其认知需求

课程适合中小学生，可根据参与学生的年级和认知规律调整讲授的角度和程度。

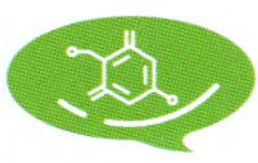

课程内容安排

时间段	活动环节	活动目标	活动内容	活动场地
9:00—9:10	签到	让学生带着问题参观	课前动员、提出问题	海洋三所
9:10—9:50	参观珊瑚保育馆	认识常见珊瑚种类；了解珊瑚的属性、生活史及分类等	参观珊瑚保育馆，进行知识问答	珊瑚保育馆
9:50—10:30	参观鲸豚展馆	认识重要的海洋哺乳动物；了解海洋哺乳动物与鱼类的区别等	参观鲸豚展馆，进行知识问答	鲸豚展馆
10:30—11:45	科普讲座，显微镜观察海洋生物	学会使用显微镜；宣传海洋保护的重要意义	通过多媒体设备及影像资料，系统地介绍海洋珍稀动物；通过显微镜观察微型海洋生物	培训教室
11:45—12:00	活动总结		活动留念	培训教室

课程开展情况

课程教学人员配备：研学导师1名、研学助教3名、安全员1名。

每年结合科技活动周、全国科普日、6·8海洋日等开展主题研学活动；配合厦门市各中小学、公益组织、社区等开展海洋主题研学活动。

项目 4 鱼你同眠——探寻世遗·海洋奇妙夜

基地名称

厦门海底世界有限公司。

厦门海底世界

研学主题

鱼你同眠——探寻世遗·海洋奇妙夜。

核心理念

了解海洋生物知识，培养探索精神，加强环境和文化遗产保护意识。

课程简介

厦门海底世界位于风景秀丽的5A级景区、世界文化遗产地鼓浪屿岛上，是集旅游、娱乐、科普教育于一体的海洋水族馆，曾荣获并保持市、省、全国“科普教育基地”光荣称号。2017年厦门海底世界获评“全国海洋科普教育基地”称号，2018年又获评“厦门市意识教育基地”称号。厦门海底世界利用得天独厚的地理位置优势，专门研发了“鱼你同眠——探寻世遗·海洋奇妙夜”的研学课程，课程包括了游览参观、特色活动、互动体验、夜宿“海底”等丰富内容；课程将鼓浪屿特有的世遗文化与夜宿活动相融合，通过亲身经历和知识传授的方式，让参加研学活动的学生，既能学习到海洋生物和世遗文化的趣味知识，又能收获独立探索与团队活动的成长快乐。

课程亮点

1 世界文化遗产地上的海洋馆

厦门海底世界是坐落在世界文化遗产地鼓浪屿岛上的唯一一家海洋水族馆，而鼓浪屿有着独特的世遗文化，结合有趣的海洋生物知识，让参与研学的学生认识更多海洋生物的同时，可以进一步学习世遗知识，弘扬鼓浪屿世遗文化。

2 探索夜间海洋的秘密

研学的学生可通过观察夜间海洋生物的活动状态，学习和了解海洋生物的夜间习性，探索深夜里的海洋秘密。

3 与鱼同眠

参加夜宿研学的学生，夜间是在海底隧道内过夜，不仅可以近距离观察隧道内的各种鱼类，还可以体验多种鲨鱼在头顶陪伴着入眠，享受身临其境地体验夜晚的海底。

4 精品研学课程

厦门海底世界针对研学项目特别开发了富有特色的海洋课程，如“厦门三宝（白海豚、文昌鱼、白鹭）”“闽台特色生物”“探秘潮间带”等，通过课程学习海洋生物和世遗文化知识的同时，也进一步宣扬海洋环境和海洋生物保护，提高学生的环保意识。

课程目标

1 知识目标

游览海底世界，认识更多的海洋生物，了解海洋生物的夜间习性；认识厦门的海洋保护动物，了解其当前的保护情况及如何保护海洋动物。

2 情感目标

了解当前人类活动对海洋环境带来的破坏和给海洋生物带来的严重后果，产生保护海洋环境和海洋生物的意识。

3 能力目标

参加夜宿的研学，全程无家长跟随，可培养学生的独立自主能力；通过DIY手工课堂，充分发挥学生的动手能力和想象力，同时开展生物的夜间习性探索，培养学生发现与探索的能力。

4 思政目标

了解海洋生物在生态循环中的作用，明白海洋生物对生态环境的重要性，理解可持续发展观，从小树立爱护环境、保护动物的意识。

研学对象及其认知需求

小学一至六年级

课程要求学生拥有相对独立的生活自理能力、语言理解能力以及动手能力。整体的活动符合小学一至六年级学生的认知能力。

课程内容安排

时间段	活动环节	活动目标	活动内容	活动场地
17:30—17:40	签到			海洋馆露台展区
17:40—18:10	团队组建及讲解注意事项	培养团队意识	1.组建团队：建立小组。 2.导入：参观须知和注意事项	淡水馆
18:10—19:15	海洋馆用餐			海洋餐厅
19:15—20:15	游览全馆	了解海洋生物，探索生物的夜间习性	1.参观海洋馆，了解海洋生物。 2.导入游戏：由老师带领在每个展馆参观结束后设立快问快答环节+奖励	全馆
20:15—20:45	科普讲堂	学习海洋生物知识及世遗文化知识	特色的科普定制课程	科普教室
20:45—21:00	DIY课堂	培养动手能力和想象力	1.趣味手工：亲自动手制作折纸、贝壳画。 2.涂鸦课堂：夜宿主题填色	科普教室
21:00—21:15	学习睡袋的使用方法	培养独立自主能力	睡袋用法的讲解及操作	海底隧道
21:15—次日7:00	洗漱就寝（10:30熄灯）	培养独立自主能力	学生自主处理个人卫生及在海洋生物的陪伴下入眠	海底隧道
7:00—8:30	早餐及发放海洋证书			餐厅/出口

课程开展情况

课程教学人员配备：讲师1名、助教1名、安全员2名。

2019年1月至今，已开展2次课，共计40人次的学生参与课程。

向海而生 领略海洋奇缘：一颗微塑料的旅行

基地名称

厦门科技馆。

厦门科技馆研学基地

研学主题

向海而生 领略海洋奇缘：一颗微塑料的旅行。

核心理念

领略海洋魅力，培养探究精神，探索海洋物种多样性。

课程简介

海洋是大自然的一部分，自身完成如生命的孕育、生长、更替、发展和演化，连续不断，从哲学角度表现出了生命的共时性和历时性。课程基于人与海洋和谐共生发展的角度，充分发挥海洋生态永续功能，培养与塑造体验者的海洋精神与海洋人格。“向海而生 领略海洋奇缘”展教活动从“物种海洋——鱼是如何在海里生存的”“生态海洋——海洋食物链层级”“家园海洋——人类如何探索海洋”3 方面来“问问大海”，带领参与者在科学探索和趣味体验中，深入学习海洋知识，化身海洋小卫士，树立正确的海洋观。

“一颗微塑料的旅行”针对“微塑料污染对海洋的影响”和“海洋食物链层级”的教学目标展开教学，通过创设情景、“金字塔”模型展示、“一颗塑料的旅行”小游戏等环节让学生了解海洋环境要素间牵一发动全身的关系，最后亲手制作完成生态瓶。学生通过“基于实物的体验”和“基于实践的探究”，激发学习兴趣，提高学习的能力层次；且能够掌握相应的科学知识、科学方法及科学态度，并在最后的动手实践中完成知识迁移。

课程亮点

1 基于实物体验

以基于实物观察、体验为基础，依托全国首个探究式加沉浸式海洋展厅，在展品体验中获取直接经验。

2 五大递进环节

情境引入、展品体验、对比探究、互动实践、交流分享，循序渐进，达成教学目的。

3 “多感官学习”法

结合展品自身特点，采用多感官学习，符合并有利于发挥展馆特点和教育学价值。

课程目标

1 知识目标

了解生物间普遍存在捕食与被捕食的关系，了解食物链、微塑料的概念，从微观层面了解海洋生态环境的重要性。

2 情感目标

提高探究海洋问题的兴趣，了解动物生存环境的复杂与严酷，促使认识到人类活动应如何尽量避免影响动物的生存条件，树立爱护动物、保护生命的意识。

3 能力目标

通过探究、动手实操等方式，培养观察能力。

4 思政目标

通过展品体验、互动游戏、生态瓶的制作，理解生物物种多样性的重要性，激发保护海洋、探索海洋、维护海洋权益的责任感和使命感。

研学对象及其认知需求

小学三至六年级

课程需要孩子具备科学理解和应用能力、独立思考能力、解决问题的能力，能凭借具体事物或从具体事物中获得的表象进行逻辑思维和群集运算。整体的活动符合小学三至六年级学生的认知规律。

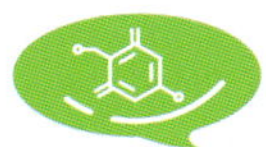

课程内容安排

时间段	活动环节	活动目标	活动内容	活动场地
9:00—9:30	签到		厦门科技馆序厅集合、签到	科技馆序厅
9:30—10:00	展品体验	结合馆区的海洋生物相关展品，通过播放动画、讲解、互动体验等形式，给予学生启示，让学生思考问题的解决方案，初步了解海洋生物知识	1.通过体验“水族箱”“鱼鳃是如何呼吸的”“鲨鱼是如何适应海水压力”来了解生物在海洋中的生存之道，探究不同海洋生物的生存特点； 2.参与“鳍开得胜”“猜猜谁游得快”互动小游戏，结合体能互动了解鱼的运动方式以及鱼的生活习惯； 3.结合“鱼眼中的世界”和“鱼体解剖”理解鱼的生理结构	海洋馆
10:00—11:00	航海大侦探——揭秘信天翁之死	以“信天翁的死因”为任务线索，结合剧情演绎、游戏互动等方式，总结海洋生态平衡和小小的微塑料的关系	1.X船长带领大家探寻信天翁死因，引导学生自主探究微塑料在海洋食物链中的传递； 2.通过“食物链”展品开展探究活动，掌握海洋生物链的营养传递； 3.学生对任务进行总结汇报，提炼海洋生态平衡和小小的微塑料的关系	海洋小剧场
11:00—11:30	把海洋带回家——制作海洋生态瓶	动手制作海洋生态瓶，充分掌握鱼类生活所需要的环境和营养物质	1.开展头脑风暴，讨论鱼类生活必需的物质； 2.了解海洋生态瓶的制作过程，并动手制作属于自己的生态瓶； 3.了解生态瓶中鱼类生活的习性以及喂养方式，了解人工喂养中常出现的问题	海洋小剧场
11:30—12:00	海洋卫士认证——领取证书，课程跟踪	领取海洋卫士勋章，后续记录小鱼生活状况以	1.进行学习成果汇报，领取证书与勋章并合影留念； 2.后续每周分享生态瓶照片，完成生态瓶日记	科技馆序厅

课程开展情况

课程教学人员配备：设计师 1 名、研学导师 1 名、研学助教 1 名、安全员 1 名。

自2021年6月至今，面向到馆公众共开展研学课程10期，30次课，每次课受众近25人，受众达750人次；团队及学校预约2期，共6次课，受众达180人；回收教育活动满意度调查表有效问卷共490张，从科普性及趣味性多方评价，整体满意度高达97.65%。

项目 6 “筑梦九天”航天系列课程：天问访荧惑 祝融探火星

基地名称

诚毅科技探索中心。

诚毅科技探索中心

研学主题

“筑梦九天”航天系列课程：天问访荧惑 祝融探火星。

核心理念

火星探索与发现，火星车实践，探究大国重器。

课程简介

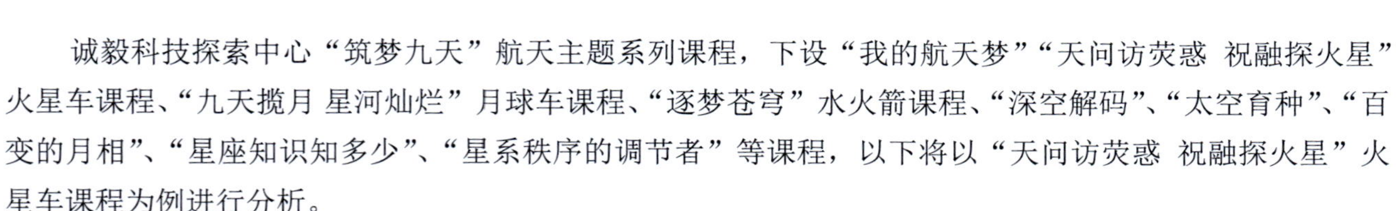

诚毅科技探索中心“筑梦九天”航天主题系列课程，下设“我的航天梦”“天问访荧惑 祝融探火星”火星车课程、“九天揽月 星河灿烂”月球车课程、“逐梦苍穹”水火箭课程、“深空解码”、“太空育种”、“百变的月相”、“星座知识知多少”、“星系秩序的调节者”等课程，以下将以“天问访荧惑 祝融探火星”火星车课程为例进行分析。

2021年5月15日，“祝融号”首次在火星上留下了属于中国人的印记，是中国星际探测重要的一步。本课程将结合中国火星探测的背景，带领学生认识火星，了解世界各国对于火星的探测概况，学习航天服的基本构成及作用、中国火星探测计划发展历程、“天问一号”和“祝融号”的结构特征等知识，并通过实践探究，让学生自己动手制作火星车。

课程亮点

1 近距离接触珍贵航天模型

感受火箭发射升空的震撼；进入1∶1比例还原天宫一号和神舟飞船对接的航天互动体验舱，体验航天员在太空的真实生活环境，并在航天英雄杨利伟的鼓励下，完成各种太空探险任务。

2 科学组装

了解“祝融号”火星车的结构与工作原理，亲手制作火星车模型，让科技触手可及。

3 STEAM理念和PBL学习方式

利用国际最先进的STEAM [science（科学），technology（技术），engineering（工程），arts（艺术），mathematics（数学）] 理念和PBL（problem-based learning，问题式学习）学习方式，融合国内教育特色和航空航天专业内容，进行全程探究式学习，在探索中学习国家级重点项目“中国火星探测计划”，激发学生的科学思考。

课程目标

1 知识目标

认识火星概况，掌握航天服的基本构成及作用，了解中国火星探测计划发展历程，认识人类太空探索的意义和价值，掌握“天问一号”和“祝融号”的结构特征。

2 能力目标

培养科学思维能力和科学探究能力，初步形成科学的宇宙观，能动手完成火星车的拼装，并通过口述的方式阐述火星车各个部件的用处，促进学习能力、创新能力的发展。

3 思政目标

形成科学探究的兴趣与情怀，树立科学态度，领悟求真务实、勇于创新的科学精神，提升民族自豪感和自信心。

研学对象及其认知需求

小学四年级至初中二年级

课程需要参与者具备发现问题及解决问题的能力，有一定的动手能力。整体的活动符合小学四年级至初中二年级学生的认知规律。

研学设计思路分解

本课程先带领学生参观星际探索展区，通过观察航天模型，调查航天员日常生活环境等活动创设教学情境，激发学生的兴趣，唤醒学生已有的经验，为学习火星的特点打下基础；在课堂教学中，以古代的星辰为线索，启发学生提问，逐步引导学生学会思考，主动学习，同时充分利用现代信息技术手段，运用视频素材、数据可视化图等方式，让学生更好地了解火星的宇宙环境，并通过模型制作，加深学生对“祝融号”火星车的理解，激发他们的探究兴趣。

课程内容安排

时　间	活动安排
9:30	诚毅科技探索中心集合、签到
9:30—10:10	参观星际探索展区，1∶1神舟飞船与空间站交会对接模型，感受航天员的工作环境；学习航天知识，体验“挑战航天员”项目，训练手脑协调能力和反应速度
10:10—10:50	“天问访荧惑 祝融探火星”科普课堂，了解火星的基本情况、地形环境以及火星的衣食住行；带领学生探索“祝融号”火星车的故事
10:50—11:30	动手拼装火星车
11:30—13:00	餐厅用餐
13:00—13:30	欢乐时光特种影院，体验巨幕电影，感受不一样的未来时空
13:30—14:00	万有影力展区，探索光影的神秘魅力
14:00—15:00	奇妙球世界趣味体验，走进小球空间
15:00	活动结束

课程开展情况

课程教学人员配备：设计师1名、研学导师1名、研学助教2名、安全员1名。

2021年1月至2022年6月，已开展13次课，共计1158人次的学生参与课程。

基地名称

青少年气象天文科普基地（天语舟）。

厦门市青少年气象天文科普基地

研学主题

一滴雨的奇幻之旅。

核心理念

掌握科学知识，激发探究自然的热情，融合校内外课程。

课程简介

以天气元素“雨”为主题，结合小学一至三年级课堂内容，根据学生知识层次量身打造研学课程，围绕“雨的形成”“雨的作用”等问题探究关于“雨”的一切。课程通过中国厦门台风科技馆的互动展项体验，让学生在实践中收获知识，锻炼探究和解决问题的能力，学会独立思考；激发孩子的好奇心，积极捕捉来自身边的问题并进行自我探究和整合；锻炼孩子的思维能力。

课程亮点

1 多角度看事物

带领学生从雨的声音、雨的成因、水的三态、水循环、雨和云的关系、雨和彩虹的关系以及其他和雨相关的自然现象等多种角度，全面地、系统地认识“雨”。

2 多维度学知识

通过观看视频、聆听讲解、观察模拟实验、体验趣味实验、参与答题、互动游戏、手工制作、户外拓展、团队素质拓展等形式，学习关于“雨”的知识。

3 多学科相融合

将科学、技术、语文、社会、环境等多门学科紧密结合，扩大知识覆盖面，提升学生研学旅行的参与性、主动性和创造力。

课程目标

1 知识目标

“雨”是本次活动的核心概念，结合科学、技术、社会和环境进行跨学科融合，通过研学课程掌握“水的三态”“水循环”等科学知识。

2 情感目标

通过简单、易懂、有趣的科普，培养学生的科学素养；形成尊重事实、乐于探究、与他人合作的科学态度。

3 能力目标

掌握手脑并用、学会观察并描述常见物体的基本特征等能力，发展科学探究能力、学习能力、思维能力、实践能力和创新能力，以及用科学语言与他人交流和沟通的能力

4 思政目标

通过科学课程的学习，激发对自然的兴趣和求知欲，保持和发展对自然的好奇心和探究热情。

研学对象及其认知需求

小学一至三年级

课程需要参与者对自然充满好奇，有一定的逻辑思维能力及动手能力。整体的活动符合小学一至三年级学生的认知规律。

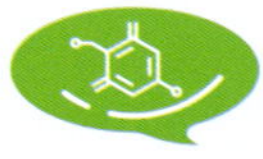

课程内容安排

时间段	活动环节	活动目标	活动内容	活动场地
9:30	破冰游戏	在短时间内让学生集中注意力，锻炼学生的手脑协作能力、团队协作能力和反应速度	导师引导大家以4种方式发出声音，并引导大家合奏一曲“雨点变奏曲”	气象广场
10:00	雨的形成	通过聆听、观看、观察实验、模拟实验、趣味实验等方式，掌握“水的三态”“水循环”等科学知识	1.了解雨是如何形成的； 2.完成“水的循环”卡片摆放； 3.观察“水的形态”模拟实验； 4.体验“彩虹雨”趣味实验	会议室

续表

时间段	活动环节	活动目标	活动内容	活动场地
10:40	雨和它的小伙伴	亲近自然，观察生活，提高审美能力、动手能力、创新能力	1.观察云朵黏土摆件及日常生活； 2.讨论天空除了雨还有什么； 3.动手完成云朵黏土摆件的制作	海峡实验室
11:20	南水北调户外拓展	提高学生相互配合协作的能力；建立起和谐、友好的团队文化；加强团队之间的竞争意识	团队循环接力，用 PVC 管将水安全送到指定地点	气象广场
12:00	美味午餐			食堂
13:00	水的一生户外拓展	培养孩子诚实坦诚的心态，敢于对自己和团队负责；让学生学会关心、激励他人，形成积极向上、团结互助的班级气氛	所有人蹲下扮演水滴，相互找同伴猜拳，逐步进化为水蒸气、云朵、雨点，最终进化成雨水完成其一生	花谷
13:40	雨后彩虹户外拓展		以小组为单位共同向前爬行，驱动彩虹轮向前行驶，用时最少的队伍获胜	日落广场
14:20	小雨滴回家路素质拓展	通过聆听、观看、互动体验、实际操作等方法了解雨滴的行程流程，了解小雨滴的循环关系	分组接力，将沙包（小雨滴）依次运送至指定位置，用时最少的队伍获胜	心肺复苏区
15:00	结营仪式	在对自己的总结中收获，在对他人的分享里成长	根据一天的表现，进行总结表彰，总结分享各自的收获与成长	气象广场

课程开展情况

课程教学人员配备：设计师 1 名、研学导师 2 名、助教 6 名、安全员 2 名。2021年10月至2022年6月，已开展10次课，共计1200余人次的学生参与课程。

项目 8 “航天之梦”系列课程：深邃太空

基地名称

厦门科技馆。

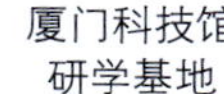

厦门科技馆
研学基地

研学主题

“航天之梦”系列课程：深邃太空。

核心理念

跨学科教学，沉浸式体验，航天精神培养，学会分析并解决问题。

课程简介

太空，总是给我们一种遥远而神秘的感觉。放眼浩瀚的星海，人类总是在探索宇宙的路上孜孜不倦。本课程带孩子们走进厦门科技馆，邀请专业人员讲解关于气象卫星知识，让孩子们近距离感受太空组成结构，带孩子们走出了课本，来到了课堂外的太空世界。孩子们通过走进宇宙太空领域，深入科普天文知识遨游太空，在探索中发现宇宙的奥秘，加深对宇宙世界的感知，奠定在天文学科领域的学习兴趣，收获全面的天文知识，了解宇宙体验。

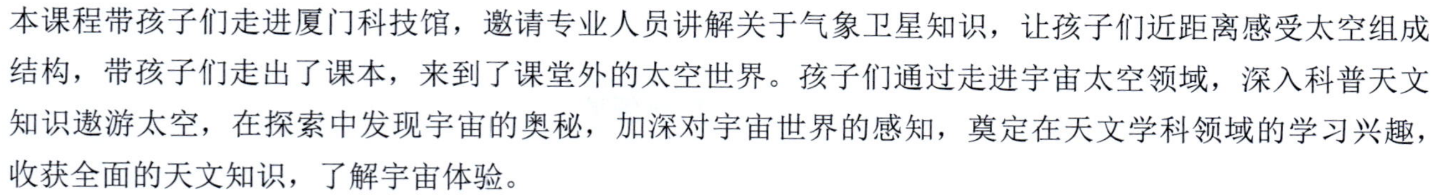

课程亮点

1 深度看展品

结合科技馆展厅优势与展品资源，让孩子通过感受现代科学技术与航天科普教育，了解太阳系中的行星、中国探月计划、火箭发射和回收原理

2 激发求知欲

对中国航天事业保持好奇心和探究热情，乐于参加观察、实验、制作、调查等科学活动；在科学学习中运用批判性思维大胆质疑，善于从不同角度思考问题，追求创新。

3 项目式教学

多维教学的融合：基于“STEAM+ PBL”模式设计课程，注重多学科知识交叉融合，以问题为导向开展PBL 项目课程，通过发现和解决实际问题来达到知识和能力的建构，让学生开启主动学习之路。

课程目标

1 知识目标

认识了解太阳系、银河系，了解宇宙的形成过程；通过科普中国探月史，了解中国探月计划的设备简介、发射场地、时间节点、主要任务；了解火箭的基本结构、发展历程、火箭发射原理、火箭的主要分类，以及中国运载火箭的发展历史。

2 情感目标

对中国航天事业保持好奇心和探究热情，乐于参加观察、实验、制作、调查等科学活动；在科学学习中运用批判性思维大胆质疑，善于从不同角度思考问题，追求创新；在科学探究活动中主动与他人合作，积极参与交流和讨论，尊重他人的情感和态度。

3 能力目标

通过探究、动手实操等方式，培养创造性思维，发展寻找和解决问题的能力。

4 思政目标

航天科技是综合国力的重要体现，激发学生对航天领域的热爱，增强学生对未来航天事业的参与动手实践，提升科技素养，实现少年强国。

研学对象及其认知需求

6至12周岁儿童

课程需要参与者具备探究精神、独立思考的能力，以及主动学习动手实验的能力。整体的活动符合6至12周岁儿童的认知发展规律。

课程内容安排

时间段	活动环节	活动目标	活动内容	活动场地
9:00—9:10	签到		破冰活动：自我介绍	科技馆序厅
9:10—11:45	宇宙的起源：宇宙大爆炸 人类对于宇宙认知的不同阶段	通过小实验探究宇宙是如何形成的	吸引：故事导入（宇宙相关神话故事） 热身小实验——宇宙大爆炸	厦门科技馆 二楼研学教室
14:00—15:10	认识太阳系（行星的形成、什么是恒星）：行星仪展厅相关展品参观学习	以“基于实物的体验”+“基于实践的探究”+“多样化学习”的课程方式，激发同学们的想象力和创造力	1.通过展厅展品让孩子们身临其境观察、记录、学习、探索，学习课程知识的同时也满足孩子们对太空的求知欲； 2.通过实验探究行星是如何形成的	厦门科技馆 二楼研学教室 厦门科技馆之创造馆
15:20—17:00	星球登陆 航天器设计比赛	分析长征2F载人火箭，讨论火箭的组成部分及其作用；通过选择合适的材料、合理的力学结构设计火箭飞行器，培养学生分析问题、解决问题的能力	1.分析火箭形状； 2.根据实验判断火箭形状对于飞行的影响； 3.分析火箭配置，判断火箭尾翼位置对于飞行的影响； 4.设计并制作火箭飞行器； 5.总结	厦门科技馆 二楼研学教室
17:00—17:20	成果复盘	对探究过程进行总结复盘，总结解决问题的过程与方法	评价准备：学生两人一组，回顾探究过程，一起总结飞行器设计过程，共同准备汇报的内容。 评价：创意达人展示——从飞行高度、稳定性、外观分享自己设计的火箭飞行器	厦门科技馆 二楼研学教室

课程开展情况

课程教学人员配备：设计师 1 名、研学导师 1 名、研学助教 2 名、安全员 1 名。

深邃太空第一期（2021年暑假）招收学生298人；深邃太空第二期（2022年寒假）招收学生120人；深邃太空第三期（2022年五一期间）招收学生80人。

项目 9 太阳系八大行星的故事

基地名称

青少年气象天文科普基地（天文气象馆）。

厦门市青少年气象天文科普基地

研学主题

太阳系八大行星的故事。

核心理念

实践理数知识，激发探索精神，融合校内外课程。

课程简介

课程通过天文气象馆大量的科普资源，让参与学生学习到行星和恒星的区别，了解我们所在的太阳系，认识八大行星、八大行星和太阳系的关系。同时科普天文观测与气象的关系，让学生学习视宁度等观测要素及观测天气的识别。同时根据天气情况安排户外观测课程。

课程亮点

1 激发学生探索精神

通过天文气象馆科普展板动画、现代化科普设备等科普资源，激发学生好奇心和探索欲。

2 数理思维的实践

通过专业天文望远镜亲身实践观测、绘制星图、测量计算等一系列实践环节及操作步骤，锻炼学生的观察记录、分析设计能力与动手实操能力。

3 多维教学的融合

基于"STEAM+ PBL"模式设计课程，注重多学科知识交叉融合，以问题为导向开展PBL 项目课程，通过发现和解决实际问题来达到知识和能力的建构，让学生开启主动学习之路。

课程目标

1 知识目标

掌握行星和恒星的区别，了解我们所在的太阳系，认识八大行星、八大行星和太阳的关系，编写八大行星的"个人档案"；了解行星背后的秘密——温度和形；学习天文观测与气象要素之间的关系，能进行观测窗口的识别。

2 情感目标

通过简单、易懂、有趣的科普，培养科学素养，发展学习能力、思维能力、实践能力和创新能力，以及用科学语言与他人交流和沟通的能力；形成尊重事实、乐于探究、与他人合作的科学态度。

3 能力目标

在天文导师的指导下，根据行星资料，绘制太阳系平面图/大小对比图；通过手作、表演等丰富的活动，锻炼动手制作和演讲表达能力。

4 思政目标

认识宇宙的奥秘，加强爱护环境、爱护地球的意识，珍惜美好生活。

研学对象及其认知需求

小学三至六年级

课程需要参与者掌握基本的逻辑能力，有独立思考的能力，有一定的动手能力及主动学习的能力。整体的活动符合小学三至六年级学生的认知规律。

课程内容安排

时间段	活动环节	活动目标	活动内容	活动场地
14:30	破冰游戏		集合，破冰仪式，在短时间内让学生集中注意力，锻炼学生的手脑协作能力、团队协作能力和反应速度	气象广场

续表

时间段	活动环节	活动目标	活动内容	活动场地
14:40—15:20	气象天文是一家	通过气象馆、天文馆的体验式学习，了解气象学、天文学的区别，认识到天文观测与气象的关系	提出“气象和天文是一家”观点；学生自由讨论“为什么”，从而得出结论；观察天文馆“大气组成”展项，让学生自主总结影响天文观测的原因	气象馆
15:30—16:10	地球和它的“兄弟们”	学习行星和恒星的区别等内容，认识八大行星；编写八大行星的“个人档案”	进行“行星和恒星”课程授课；分组讨论，讨论行星和恒星的区别等内容	多功能厅
16:20—17:00	行星背后的秘密	引导学生根据现场观测及导师引导，探索行星背后的秘密：温度和形态	参观天文气象馆；绘制太阳系平面图/大小对比图；问题引导——为什么八大行星有不同；分组讨论，得出行星温度和形态的不同	天文馆
17:10—17:30	成果复盘	对研学过程进行总结复盘，总结解决问题的过程与方法	评价准备——每人展示自己绘制的太阳系平面图/大小对比图，讲述行星背后的秘密；总结表彰——表彰优秀学员	多功能厅
晚餐时段				
18:30—21:00	户外观测视天气实际情况进行		通过望远镜实操，观测月亮、土星、木星等天体	气象广场

课程开展情况

课程教学人员配备：研学导师 1 名、研学助教 1 名、安全员 1 名。

2021年1月至2022年6月，已开展3次课，共计80余人次的学生参与课程。

项目 10 千年有约 探梦苍穹

基地名称

厦门市同安区科学技术馆。

同安科技馆

研学主题

千年有约　探梦苍穹。

核心理念

学苏颂文化，弘科学精神。

课程简介

“千年有约　探梦苍穹”研学课程，学生通过参观苏颂纪念馆、古代天文计时仪器展、水运仪象台和假天仪等展区，观看相关影片，了解苏颂伟大科技成就；通过动手操作鲁班锁体验古代科技，激发学习苏颂、传承苏颂科学精神，增强文化自信和创新自信。

课程亮点

1 学习探索

参观了解苏颂生平事迹和科技创新7项世界第一。

2 实物探秘

近距离探秘水运仪象台和假天仪制作使用原理。

3 科学探究

破解鲁班锁使用奥秘，探究古代科学技术。

课程目标

1 知识目标

从天文、文学、医学、勤政亲民等方面认识苏颂，重点了解苏颂天文巨作——1∶1比例水运仪象台和假天仪。

2 情感目标

学习苏颂伟大科技成就，传承苏颂勇于探索的创新理念、精益求精的工匠精神、为民造福的家国情怀。

3 能力目标

通过参观展区、观看影片、动手操作等方式，培养积极实践、勇于探索的创新能力。

4 思政目标

引导学生在科学与文化立场上学习苏颂勇攀高峰、锐意进取的探索精神，启迪学生应沉下心踏实学习、刻苦钻研，初步理解实现高科技水平自立自强对建设科技强国的重要性。

研学对象及其认知需求

小学四年级以上（50人）

小学中高年级是由具体形象思维向抽象逻辑思维转变的关键期，这一时期培养学生的创新思维和想象力，形成创新能力至关重要。课程需求与培养中高年级学生敢为人先、勇于创新的思维能力、认知能力相符合。

课程内容安排

时间段	活动环节	活动目标	活动内容	活动场地
9:00—9:10	集合		学生在科技馆大门口集合	大门口

续表

时间段	活动环节	活动目标	活动内容	活动场地
9:10—10:10	展馆参观	学习苏颂文化，全面认识苏颂，深入了解苏颂7项世界第一，发扬苏颂科学家精神	1.参观苏颂纪念馆，从天文、文学、医学、勤政亲民4个方面学习了解苏颂； 2.参观全球唯一一台1∶1比例复制还原的苏颂天文巨作——“假天仪”，活动中，体验仰望星空，流星许愿，还可进入笼象体验手可摘星辰等环节； 3.参观大陆首台1∶1比例复制还原的苏颂天文巨作——水运仪象台	苏颂纪念馆 “假天仪”展区 苏颂公园水运仪象台
10:10—11:10	观看视频	进一步了解水运仪象台的由来、制作过程、科学原理等知识，激发勇于探索，敢于创新，传承科学钻研精神。	观看水运仪象台视频介绍：《创造科技的力量——通天神器》	科学报告厅
11:10—11:40	动手制作	通过鲁班锁的动手组装，让学生学习榫卯结构，体会苏颂领导研制水运仪象台和假天仪的精益求精，传承锲而不舍的工匠精神，并引导学生把这种干劲用到学习、生活上，实现人生社会价值	进行鲁班锁组装竞赛	科学报告厅
11:40—12:00	双向评价	对研学过程进行总结，通过评价让学生认知自己的潜能，激发学生学习的自信心和进取心，促进学生反思	1.学习成果展示——合作探究交流，谈收获或完成“我对苏颂知多少”问答卷； 2.基地反馈——对学生进行评价，并对研学活动进行总结	科学报告厅

课程开展情况

课程教学人员配备：研学导师1名、研学助教 1 名、辅导员2名、后勤保障 1 名。2021年1月至2022年7月，已开展4次课，共计150余人的学生参与课程。

探索海洋AI，聆听海洋之声

基地名称

厦门大学海洋科技博物馆。

厦大海洋科技博物馆

研学主题

探索海洋AI，聆听海洋之声。

核心理念

传授海洋声学的基本科学原理并将此原理应用于声控机器人的拼装实践体验。

课程简介

智慧海洋建设，是实现国家海洋强国战略的需要，而人工智能是智慧海洋建设的核心技术。海洋声学信息感知是海洋学、水声学、电子学、信息学、人工智能等多学科方向的交叉融合。本课程通过介绍海下声源和鲸豚的奇妙“歌唱”引入，让学生了解海豚回声定位原理和相关的声波知识，同时揭示探测声呐、导航声呐、定位声呐等技术在海洋信息采集、海洋信息传输中的应用；通过动手拼装声控机器人或者超声波避障智能小车，让学生理解声学器件的发声原理，直观感受回声定位的应用。

课程亮点

1 专业性的课程设置

由厦大专业教师领衔开发，课程知识更为系统、清晰、准确，能够增强学生对海洋人工智能的探究意识。

2 数字化的海洋声学体验

通过仪器设备体验与野生海豚畅游的感觉，聆听鲸豚的发声，“身临其境”感受“声音的海洋”。

3 配套互动探究性科学实践

将科学实践与对应讲座中的相关知识对应，强调制作过程中的误区难点后，学生们开始拼装、搭线，正确拼装者，给机器小车通上电力后能顺利行驶，学生们收获满满。通过这样的探究性实践，学生们可以掌握动手拼装机器人的技能，进一步锻炼团队协作与沟通能力。

课程目标

1 知识目标

学习一些关于海洋声学的基础知识；了解海豚是如何捕鱼和海豚声信号的特征；掌握理解螺旋桨、流线型为什么会减少空气阻力等原理；了解直流减速电机的运动控制，声控开关的应用以及三极管放大作用的工作原理。

2 情感目标

通过讲座，让孩子们了解海豚这类生物的声音，更进一步地熟悉中华白海豚的生物学特点和海水里声音的传播特点；通过互动探究型的物理声学实践活动，让孩子们拥有自己的声控小车，实现拥有科学成果的满足感，在孩子们心里埋下爱海和探海的种子，希望将来他们能够成长为新一代的海洋科学工作者。

3 能力目标

低年级学生通过拼装仿生系列自然生态环境水陆两栖车轮船虎鲸机器人，学习了解虎鲸适宜生存的生态环境；小学四年级以上学生通过拼装声控机器人或者超声波避障智能小车，直观感受回声定位的应用。学生通过操作初步掌握电路的连接和声控开关的控制，提高科学素养。

4 思政目标

围绕大学生和中小学生的培养目标，建立系统性的专业性的青少年海洋科普教育体系，结合海洋物理学和海洋生物学等课程的内容，开创性地用互动体验型的探究性科普实践来检验相关的海洋声学原理，让学生清楚地知道科学实践是检验真理的唯一标准，培养学生对科研的兴趣。

研学对象及其认知需求

小学三年级以上到初中生，已学习一些科学相关知识比如声音的传播会更好。

课程内容安排

时　间	研学课程（探索海洋 AI，聆听大海之声）
20 min	海洋科教片 (VR 体验与野生海豚畅游、聆听鲸豚的发声)
25 min	海洋课堂 (介绍海下声源，讲述海豚是怎样捕鱼的和海豚声信号的特征)
60 min	海洋实验 (拼装声控机器人并调试运行)

课程开展情况

课程教学人员配备：主讲老师1名、实践体验助教 2名。

2021年5月至2022年5月，已开展12次课，体验人次达458人。

传统技艺篇

编者按

中国是传统技艺大国。传统技艺主要由“技”和“艺”构成，兼具物质文化和非物质文化两种属性，体现着工匠精神和先贤的智慧，是中华优秀传统文化的重要组成部分，同时也体现了那个时代的科技创新。

现代化浪潮的兴起，技术越来越依赖科学的进步，许多传统技艺逐步被现代技术取代。如果某一项传统技艺未被充分记录，当其传承人离世后，那么它很可能就会湮灭在历史长河之中，以至于后人不知道或没有证据说明中国曾为此所作的发明或创新。如果大量的传统技艺就这样从人类的记忆中抹去，中国在世界文明中的创造者角色将被淡化，中国文化的地位也将被弱化。记录和保护传统技艺，就是维护中华民族的精神家园，也是对世界文化宝库建设的贡献。

传统技艺有着极为丰富的技术、科学与艺术等方面的内涵，对其的科普教育，可以让青少年了解并传承中华民族不断创新的精神特质，同时，对中华民族博大精深的传统文化感到自豪，建立起文化自信与民族自信。

非遗剪纸穿越之旅

基地名称

厦门集美闽台研学旅行基地 | 闽台剪纸研学馆。

万千研学

研学主题

非遗剪纸穿越之旅。

核心理念

传承非遗技艺，传播优秀文化；弘扬工匠精神，增强动手能力。

课程简介

中国剪纸是世界级非遗、中国民俗文化的百科全书、打开传统文化的一把金钥匙。本课程将带领学生参观鉴赏著名剪纸艺术家孔春霞大师的剪纸佳作，了解非遗剪纸文化，学习体验剪纸手作。学生在欣赏剪纸艺术之美、体验手工创作之趣的同时，感悟艺术与科学的相通之处、中国非遗文化的博大遂远。

课程亮点

1 世界非遗

学习传承世界级非遗技艺，寻根民族母体艺术与民俗文化之旅。

2 寓教于乐

“艺术鉴赏+非遗文化+技艺体验+作品创作”结合，沉浸式体验，寓教于乐。

3 跨界创新

将非遗技艺与传统文化、艺术教育、劳动实践、文旅文创等结合创新教学。

4 个性定制

可根据学生年龄特点、时令节气、主题需求等，灵活定制具体内容和形式。

课程目标

1 知识目标

欣赏剪纸艺术、了解非遗文化，陶冶情操、丰富生活。

2 技艺目标

传承剪纸技艺、弘扬工匠精神，体验DIY手作乐趣。

3 能力目标

提升专注力、审美力、创造力和手眼协调能力。

4 思政目标

增强对传统文化的认同与自信，弘扬爱国主义精神。

研学对象及其认知需求

本课程将根据研学对象的年龄和其对应在校学习的语文、数学等知识认知阶段，因地制宜调整课程每个环节的内容、形式、工具和时长，并综合使用现场教学、PPT、视频、直播等教学方法，降低学习难度、提升课程效果。

工具使用方面，低龄儿童可选择儿童安全剪刀或者亲子活动形式。装裱材料方面可以选择相框、团扇、木片、T恤、LED灯等。图案可定制，还可集体共创一幅作品。

低龄班：5周岁以上幼儿园大班至小学二年级学生，能坐得住并独立使用剪刀。

少儿班：8周岁以上小学中高年段学生，了解平移、对称、角度等数学基础知识。

中学班：初中、高中、中职学校学生，了解中国传统文化，会独立创作作品。

成人班：18岁以上的大中专学生，有一定艺术鉴赏能力、喜欢中国传统文化。

研学设计思路分解

1 感性认识阶段

通过参观展厅、鉴赏大师佳作，增加感性认识、提升兴趣、陶冶情操，激发对非遗剪纸艺术的喜爱和兴趣。

2 理性认识阶段

通过聆听文化、技艺背后的历史、民俗、艺术、科学知识，进一步加深对非遗剪纸的理性认知，增强对中国传统文化的理解、热爱与自信。

3 实践学习阶段

通过观察、临摹老师的现场教学、视频、模板等，动手体验基础折剪，并在此基础上加入自己的创意，提升专注力、创造力与动手能力。

4 总结提升阶段

通过老师总结、点评，发放小奖品或“非遗小传人”荣誉证书等形式，进一步巩固所学知识和技艺，爱上剪纸、爱上非遗。

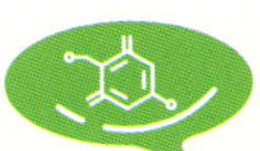

课程内容安排

时间段	活动环节	活动目标	活动内容	活动场地
9:00—9:10	签到		整队，了解上午的课程内容	基地大堂
9:10—9:40	参观闽台剪纸研学馆	欣赏大师佳作，了解非遗文化	1.学习剪纸的历史、特点、分类等基础知识； 2.了解剪纸中各种纹样、图案的吉祥文化寓意； 3.了解南北方剪纸的文化差异，民俗文化大观； 4.了解作品背后的文化故事	闽台剪纸研学馆
9:40—10:20	剪纸技艺体验	传承非遗技艺，弘扬工匠精神	1.学习剪纸特点、刀法、纹样等基础知识； 2.体验基础折剪技法，感悟其中的数学奥秘	剪纸多媒体教室
10:20—11:00	体验DIY手作乐趣	提升专注力、创造力、手眼协调能力	1.在老师的指导下，结合节庆或其他活动主题，创作一份属于自己的主题剪纸作品； 2.用相框或者其他文创载体装裱作品	剪纸多媒体教室
11:00—11:30	成果复盘	增强对传统文化的认同与自信	优秀作品点评，集体合照，活动结束	剪纸多媒体教室

课程开展情况

本课程由著名剪纸艺术家孔春霞老师指导，厦门闽台剪纸研学馆馆长刘林珍具体设计，共有4名研学导师、2名研学助教。

课程自2021年开设至今，已有超千人次参与相关研学团建、公益活动，其中包括“闽苏台青年研学体验营”“闽台妈祖文化研学体验营”等两岸交流研学课程。

项目 2 探秘闽台青草药非遗文化

基地名称

厦门市海沧区保生青草药传习中心。

慈济北宫保生青草药传习中心

研学主题

探秘闽台青草药非遗文化。

核心理念

学习养生防病知识，感受医者仁心的精神，将青草药与日常生活相结合。

课程简介

厦门市海沧区保生青草药传习中心是福建省省级非物质文化遗产“闽台青草药”的保护单位，位于厦门海沧温厝慈济北宫，是由福建省唯一以青草药治病获国务院特殊津贴的传承人黄锄荒院长任顾问和传习导师。走进慈济北宫保生青草药园，了解保生慈济医者仁心的精神，学习多姿多彩的闽台青草药非遗养生文化，尊重自然、敬畏生命，懂得如何更好地照顾自己和家人。青草药文化与日常生活的衣、食、住、行息息相关，课程将涉及各种手工体验，动静结合，寓教于乐。

课程亮点

1 提倡养生防病的理念

现在各种疾病层出不穷，且呈现年轻化趋势，很多青少年体质不佳，动辄感冒发烧、鼻炎发作，通过向孩子们介绍青草药养生知识和方法，促使他们改变不良饮食、起居习惯及情绪，从而更好地收获健康。

2 探索大自然的奥秘

闽台青草药品种繁多，因天之序，道法自然，孩子们通过眼观、鼻闻、口尝等方式，感受青草药的神奇，了解大自然四季变换对草药和人体的影响。

3 与劳动教育相结合

在日常生活中，青草药有很多妙用，在老师的引导下，孩子们将亲自动手，将青草药加工制作成日用品，如香囊、防蚊膏、手工皂等，使青草药与劳动教育相结合，锻炼动手能力。

课程目标

1 知识目标

了解闽台青草药的渊源、日常生活的养生常识，并学习常见青草药的形态、性味、功效等知识，让学到的知识为我所用，使自己健康快乐成长。

2 情感目标

闽台青草药技艺、智慧及医者仁心的价值取向，都是老祖宗遗留下来的宝贵财富，世代传承，庇护一方。通过课程的学习，树立感恩、敬畏、珍惜传统文化的品质。

3 能力目标

通过讲座学习和亲身实践等方式，培养思考能力、动手能力、多学科相互结合的能力，更为重要的是，懂得养生防病的知识和方法。

4 思政目标

闽台青草药文化发源于北宋大医吴夲，其医者仁心、为善最乐的精神传颂千年。通过课程学习，重视健康和生命，培养悲天悯人、助人为乐的情操。

研学对象及其认知需求

本课程将根据研学对象的年龄和其对应在校学习的语文、数学等知识认知阶段，因地制宜调整课程。课程将传统文化和自然元素相结合，且导入手工体验，主要是为了培养孩子们正确的养生理念和价值观。课程需要参与者有一定的理论学习和动手能力。

课程内容安排

时间段	活动环节	活动目标	活动内容	活动场地
9:00—9:10	签到		破冰活动：自我介绍	保生讲坛
9:10—9:30	课前热身小游戏——“为自己取个草药名”	使学生相互熟悉，尽快融入课程主题	1.常见草药图片学习； 2.根据自己的喜好，选择一个草药名	保生讲坛
9:30—10:15	讲座：闽台青草药的渊源	用讲座、问答、互动的方式，了解闽台医祖保生大帝吴夲及闽台青草药的传承	1.品尝药茶，有健脾开胃、疏肝解郁之功； 2.学习保生大帝吴夲的事迹，探究青草药根源； 3.了解历代以来的青草药大医，如苏颂、沈佺期、王克念、吴瑞甫等； 4.头脑风暴——日常生活中，爷爷奶奶是否曾用青草药给家人调理过身体	保生讲坛
10:15—11:00	探索百草园	通过各种青草药的学习，锻炼五感能力，并学习用图文的形式进行记录	1.了解认药、采药的注意事项，有不少草药都相像，需注意甄别； 2.通过眼观、鼻闻、口尝学习常见青草药，如到手香、艾草、香茅、鱼腥草、风葱等； 3.青草药有草本、木本、藤本、水生、阴生等区别，引导学生学习判断其不同； 4.青草药若善用，有各种祛疾除患之功，如治疗感冒发烧、跌打损伤、鼻炎流涕等； 5.通过文字和图画，做青草药自然笔记，将自己的所学所想记录下来	慈济北宫保生青草药园
11:00—12:00	药食同源体验	学习青草药在饮食方面的应用，融入日常生活，锻炼动手能力	1.学习闽台青草药的药膳史、厦门民间药食同源习俗； 2.采摘药食同源的青草药，如紫苏、小茴香、艾草等； 3.一起准备锅碗瓢盆，动手洗草药； 4.在老师的带领下，亲自动手做要药食同源体验，如做艾草煮鹌鹑蛋、紫苏煎鱼、包草药饺子等； 5.品尝美味可口的药膳	食疗教室
12:00—13:30	午餐＋午休		午休、观看闽南青草药纪录片	休息室
13:30—14：00	身体的经络和穴位	通过学习经络和穴位，懂得简单的保健常识	1.身体有十二正经，经络通畅，则身体无病； 2.学习按揉常用的保健穴位，可以应急，安全有效； 3.分组互相按揉穴位，现学现用，增加互动	保生讲坛

续表

时间段	活动环节	活动目标	活动内容	活动场地
14:00—14:45	一起动手做药膏	将新鲜的草药一步步炮制成药膏，可用于治疗蚊虫叮咬、水火烫伤，增加课程趣味	1.采摘到手香，将叶子摘下来，洗净； 2.用石臼将到手香捣烂，去汁，存渣； 3.将到手香渣与杏仁油一起熬制； 4.加入蜂蜡，搅拌融化，冷却凝固即可	手工教室
14:45—15:30	闻香识草做香囊	锻炼嗅觉技艺，动手制作香囊，可驱蚊防虫、提神醒脑	1.游戏大比拼，分组比赛，看谁的嗅觉比较灵敏； 2.在老师的指导下，选择适合自己的香草； 3.动手缝制香囊，可佩戴在身上，或者放在包里	手工教室
15:30—16:00	总结回顾	回顾一天的研学，孩子们畅所欲言	1.老师做总结，对学生的表现做点评； 2.学生畅所欲言，表达自己的想法； 3.合影留念	保生讲坛
课后	课程跟踪（后续）	希望学生学以致用	1.饮食起居是否运用养生； 2.将所学的手工体验融入日常生活	户外/线上

课程开展情况

课程教学人员配备：设计师 1 名、研学导师 1 名、研学助教 1 名、安全员 1 名。2022 年 2 月至 5 月，已开展 10次课，共计 450 人次的学生参与课程。

项目 3 制酱DIY课程

基地名称

古龙酱文化园。

古龙食品

研学主题

制酱DIY课程。

核心理念

学习传统文化，了解制酱工艺，塑造工匠精神。

课程简介

制酱DIY课程为小学段的学生设计，学生通过参观园区古法酱油酿晒场及酱文化展厅，了解中华酱文化的起源、传承及传播，学习古龙古法酱油酿造工艺；通过亲自动手制作豆豉，熟悉制酱工艺流程。

课程亮点

1 观世界之最

观赏荣获“大世界基尼斯之最”的传统酱油酿造晒场。

2 品非遗文化

参观古龙古法酱油酿晒场和酱文化展厅，熟悉古法酱油的酿晒工艺流程的关键步骤为选豆、泡豆、煮豆、拌豆、发酵、翻醅、入缸、加盐水、日晒夜露、抽油、醇化、检测、杀菌、装瓶。

3 动手实践

通过亲自动手制作豆豉，熟悉整个制酱工艺流程，且制作好的豆豉带回去后仍需继续照料半年才算完成整个课程。

课程目标

1 知识目标

了解传承千年的酱文化，普及酱的起源、酱的鼻祖与历史渊源，酱的演化、传播，中国酱油的演化，传统酱油和现代酱油的比较，中国酱传统工艺和现代技术的结合——古龙传统酿造酱油。

2 能力目标

通过对酱文化的系列了解后，亲自动手制作豆豉，培养动手操作、团队合作能力。

研学对象及其认知需求

幼儿园至小学段

课程会根据各年龄段的孩子调整相应的项目，但均需要孩子具备一定的动手能力、协作能力与沟通交流能力。

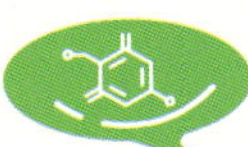

课程内容安排

时　间	活动安排
9:00	古龙酱文化园停车场集合
9:10—9:40	讲解员引导，参观古龙酱文化园。上木栈道，参观世界上最大的“原生态酱油晒场”；进入展厅，从“历史长廊”了解酱的起源、传承和发展；从“现代古龙”了解古龙发展历史及罐头的相关知识；从“特色酱坊”仿古代酱街设计，看古代酱油铺子、铜人展示古法酿造工艺，以及有百年历史的世界上最大的酱油桶；穿过葡萄酒走廊，进入全国十大魅力酒窖“拿戈卢酒文化中心”，欣赏福建省最大的欧式穹顶壁画，了解法国原瓶进口的拿戈卢品牌葡萄酒及葡萄酒、酒具的相关知识；体验新项目——酒鼻子，闻各式香氛，培养品酒应具的灵敏嗅觉；进入醉酒小屋，当回醉汉，体验喝醉酒的晕眩感；到“模拟生产线”，身临其境，了解古龙明星产品——香菇肉酱的生产流程
9:45—10:00	学生在展厅的罐头封口机旁，观摩学习罐头的密封步骤，将罐盖与罐身通过封口机进行抽真空、密封，外界的空气就无法进入，然后将封好的罐头放入杀菌锅中，高温高压可以杀灭罐头内的绝大部分细菌，使罐头处在一个商业无菌的情况下，这样在不添加防腐剂的情况下，罐头可以在常温下长时间保存
10:00—10:30	学生参观古龙古法酱油酿晒场和酱文化展厅，熟悉古法酱油的酿晒工艺流程的关键步骤为选豆→泡豆→煮豆→拌豆→发酵→翻醅→入缸→加盐水→日晒夜露→抽油→醇化→检测→杀菌→装瓶。学生亲自动手制酱，具体步骤为洗豆（经发酵后的）→入瓶→加盐→拌匀→加酱油→装瓶。制作好带回去的豆豉还需要经过半年的日晒夜露，其间还须不断加酱油。制成后，再经高温蒸熟，方可食用

续表

时　间	活动安排
10:35—10:50	课程反思：通过亲身体验罐头的封罐制作，更直观地理解罐头产品不需要添加防腐剂就可以长期保存的原理；通过动手体验豆豉的制作，更直观地理解古法制酱工艺流程
11:00	活动结束

课程开展情况

课程教学人员配备：研学导师 1 名、讲解员1名、安全员 1名。

2022 年1月至8月，已开展 50余次课，共计800余人次的学生参与课程。

项目 4　“智造工坊”系列课程：源本造物

基地名称

诚毅科技探索中心。

诚毅科技探索中心

研学主题

“智造工坊”系列课程：源本造物。

核心理念

探索榫卯工艺，传承木艺文化，弘扬劳动精神。

课程简介

诚毅科技探索中心“智造工坊”系列课程，下设“源本造物”木艺课程、“匠心制造‘金’益求精”金工课程、“乐毅机器人”智能科技课程、“3D打印”、“丝网印刷”、“俯瞰山河壮美 走向科技之巅”无人机课程等。以下将以“源本造物”木艺课程为例进行分析。

习近平总书记强调：“要在学生中弘扬劳动精神，教育引导学生崇尚劳动、尊重劳动，懂得劳动最光荣、劳动最崇高，劳动最伟大、劳动最美丽的道理。”本课程以弘扬劳动教育为指导，中国传统木作为载体，引导学生体验木工项目的劳动过程，体会其中蕴含的独特智慧和创造力。

学生通过观摩了解木艺制作流程，认知木艺品制作工艺，探索古代传统工艺榫卯结构的奥秘，感悟中华木艺的精湛。同时结合实际操作木艺切割机，从学习、模仿到熟练、创新，将木工制作原理延伸至学习和生活中的应用，更深入地挖掘木艺的文化、结构、艺术精髓，提升动手能力和设计思维，在实践过程中感受匠人精神，强化劳动观念。

课程亮点

1 木工劳动工具的综合运用

收获多种工具的正确使用，掌握基本的造型和创意技能，提升思维能力。

2 木工的系统体验

力求向青少年们呈现木工的完整面貌，引领他们体验设计、制作、改进的全过程。

3 多学科整合运用

结合STEAM教育体系，让学生在安全、可操作、适宜的木工环境下，将科学、技术、工程、艺术、数学等知识进行融合。

课程目标

1 知识目标

了解木艺的制作流程，学习多类木作工具的使用方式。

2 能力目标

能正确使用木工劳动工具，增强创造力，提升自信力、思辨力、应变力、统筹力、专注力、系统性思维等多种技能，具备完成木作制造的设计能力和操作能力，体会木作中蕴含的力学、美学、数学和哲学智慧

3 态度目标

养成专心致志、吃苦耐劳和团结合作的品质，感受传统工艺的奇妙，感知精益求精、追求卓越的工匠精神。

研学对象及其认知需求

小学三年级至高中一年级

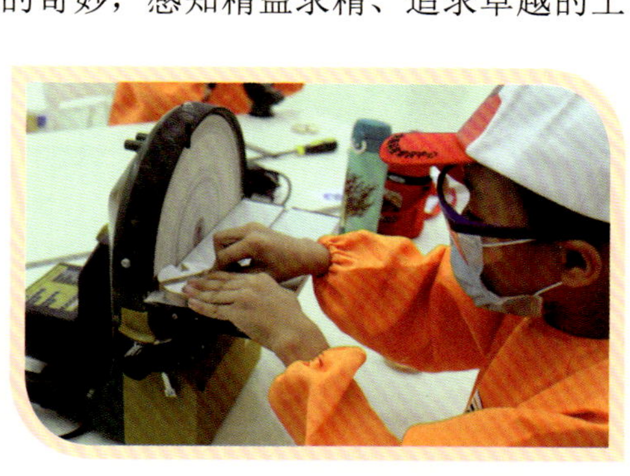

本课程倡导“从做中学”，以劳动教育与实践为切入点，将劳动精神贯穿课程实施全过程，注重引导学生通过设计、制作、探究等方式获得丰富的木工体验，学习木作知识与技能，激发学生参与传统木作的主动性、积极性和创造性。因为面对小学三年级至高中一年级学生，覆盖年龄层较广，依据年龄段的不同，在老师指导下，木作任务难度按照“简单—复杂—综合”逐步提高，以满足不同学段学生的实践需求。

研学设计思路分解

木制品在生活中很常见，学生见过也使用过一些木艺制品，但要自己亲手设计、制作、打磨完成一项木制品，对于学生来说还是很有难度。

本课程依托于科技馆场所，确保在课程实施过程中工具、流程和场所的安全保障。通过参观木艺工作室，欣赏木艺制品，拉近学生与木艺的距离；在木艺制品的设计与制作环节，教师为学生介绍木艺文化，带领学生认识木艺工具，学生根据课堂学习展示的资料和图片，激发自己的想象和创意，认真设计制作图纸，思考制作方案；在制作环节，教师让学生进行组内分工，根据学生的设计方案领取材料，使用木工电动工具，实现传统木工的锯、刨、凿等工艺；在展示环节，教师给学生提出自评要求，学生可以介绍小组的设计理念以及在制作过程中遇到的困难，并让他们从工艺、技术、结构三个方面进行互评，然后针对不足之处进行优化和改进。

本课程自上而下，把木艺劳动制作的教育由浅入深地融入课程的教学中，像木艺匠人制作工艺品一样，引领学生体验设计、制作、改进的全过程，全面提升学生的综合素养。

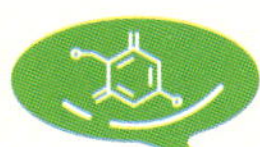

课程内容安排

时　间	活动安排
13:30	诚毅科技探索中心集合、签到
13:30—14:30	厦门市防震减灾科普教育基地参观，学习建筑的抗震措施及防灾减灾前沿科技，直观感受灾害，提高学生的防灾减灾意识
14:30—15:00	参观木艺工作室，观赏精美的木艺制品，感受木艺传统文化的独特魅力
15:00—15:30	“源本造物”木艺课堂，通过木艺文化引入，使学生初步掌握木艺课程所需的基础知识，认识木艺课程中使用的工具，建立起对木艺文化的兴趣
15:30—16:30	“小鲁班师”的木艺制作体验，通过使用木工电动工具，实现传统木工的锯、刨、凿等工艺，引导学生以动手实践为主要方式，鼓励学生尝试新方法，打破僵化思维方式，推陈出新，增强获得感、成就感、荣誉感
16:30—17:00	木艺品展示、心得分享
17:00	活动结束

课程开展情况

课程教学人员配备：设计师1名、研学导师1名、研学助教2名、安全员1名。

2021年1月至2022年6月，已开展17次课，共计855人次的学生参与课程。

项目5 国家级非遗·影雕研学课程

基地名称

惠和石文化园。

惠和石文化园官宣

研学主题

国家级非遗·影雕研学课程。

核心理念

传习非物质文化遗产，弘扬中国传统文化，塑造工匠精神，融合校内外课程。

课程简介

影雕作为非物质文化遗产的一部分，是优秀传统文化的重要组成部分。学习影雕技艺，旨在弘扬优秀民族文化，传承和保护非物质文化遗产，增强学生的文化认同感，树立文化自信。通过学习影雕的制作，学生可领略中华上下五千年石文化，感悟不同时代石雕造像的精气神。通过实践制作影雕作品，学生在雕刻过程中可感受到古代工艺匠人锲而不舍、精益求精的精神，同时能够参与到传统文化的弘扬与传承中，做一个小小的传承人和传播者。

课程亮点

1 传承与弘扬国家非遗影雕

了解影雕的起源、制作工艺、制作过程，探讨石雕的应用。通过参观博物馆，领略中华上下五千年石文化，感悟不同时代石雕造像的精气神，从而激发对中华优秀传统文化的热情与民族自豪感。

2 理论与实践结合

通过研习课程，参与到影雕技艺的实践和操作中，去感受古代工艺匠人锲而不舍、精益求精的精神；通过雕刻、上色、去色等步骤制作出属于自己的一块影雕，锻炼专注能力、手眼协调能力、动手实践能力以及提高审美情操。

3 跨学科教学的融合

基于石雕博物馆参观，了解中华五千年石文化发展史；通过影雕研习课程，深层次了解影雕既有绘画，也有雕刻，强调跨学科知识的融合，注重理论与实操，从而对非遗影雕有更完善的认知，进一步感受非物质文化遗产的魅力，开启主动学习之路。

课程目标

1 知识目标

了解中华上下五千年的石文化发展史，掌握影雕历史来源、制作工艺、制作步骤；掌握影雕雕刻步骤、雕刻姿势、上色知识等。

2 情感目标

了解国家非遗影雕发展的现状以及影雕的文化价值、历史价值、审美价值、经济价值，感受国家级非遗影雕的魅力，激发民族自豪感，亲身参与到中华优秀传统文化传承与弘扬的队伍中来。

3 能力目标

通过探究、动手实操等方式，培养学生的专注能力、手眼协调能力、动手雕刻能力、美学审美能力等。

4 思政目标

通过半成品影雕雕刻实践，引导学生从易到难入手，初步掌握国家非遗影雕作品的雕刻技法。惠和影雕作为传统手工艺的重要组成部分，是古代劳动人民智慧的结晶，也是我们当代人宝贵的遗产，以影雕为切入点，抛砖引玉，让学生参与到传统文化的弘扬与传承中，做一个小小的传承人和传播者。

研学对象及其认知需求

小学三至六年级

课程需要孩子具备一定的动手实践能力、色彩应用能力、美学审美能力，能凭借影雕半成品雕刻出属于自己的影雕作品。整体的活动符合小学三至六年级学生的认知规律。

在老师指导下，木作任务难度按照“简单—复杂—综合”逐步提高，以满足不同学段学生的实践需求。

课程内容安排

时间段	活动环节	活动目标	活动内容	活动场地
8:45—9:00	签到		集合，宣读注意事项，合影留念	园区大门口
9:10—9:40	参观家规家训馆	使学生学习好家规家训，传承好家风	由专业讲解员讲解湖里区家规家训馆，内含4个场馆：国家名人馆、福建名人馆、厦门名人馆、湖里区名人馆	湖里区家规家训馆
9:40—10:10	参观惠和石雕博物馆	参观石雕博物馆，了解中华上下五千年的石文化发展史，以及省级非遗影雕传承人的作品展览，用开放性问题，引发学生思考，并通过原理讲解，给予学生启示，思考影雕如何制作，最后进行探究与实践	参观中华石文化长廊、名人石雕长廊、不同时代的石雕博物馆、国家非遗影雕省级传承人李雅华女士作品展	博物馆
10:10—11:40	影雕研学课程	通过研学导师的课程，学习影雕的历史来源、影雕制作工艺、影雕社会运用、影雕发展现状，探究学习影雕雕刻步骤，进行影雕成品动手实践雕刻等	1.学习了解影雕的历史来源； 2.学习影雕的制作工艺； 3.了解影雕的社会应用和品牌展宣； 4.了解影雕的发展现状； 5.学习影雕的雕刻步骤； 6.动手实践影雕作品雕刻； 7.影雕彩绘上色； 8.总结	影雕传习中心
11:40—11:50	作品合影	与自己制作的影雕作品合影留念		影雕传习中心
12:00—13:00	惠和特色石头饭	采用青斗石石锅加热至300℃，配以崇武鱼干、地瓜、闽南传统鱼卷、闽南特色肉酱制作而成的闽南传统石头饭	学生一起感受闽南传统石头饭的美味	表演厅

课程开展情况

课程教学人员配备：指导专家3名（省级非遗传承人、市级非遗传承人、区级非遗传承人）、研学导师1名、研学助教 2名、活动统筹人员 1 名。

2022 年1 月至 5月，已开展200场，共计10000人次参与。

项目 6 国家级非遗·闽南传统民居营造技艺研学课程

基地名称

惠和石文化园。

惠和石文化园官宣

研学主题

国家级非遗·闽南传统民居营造技艺研学课程。

核心理念

传习非物质文化遗产，弘扬中国传统文化，塑造工匠精神，融合校内外课程。

课程简介

闽南传统民居营造技艺是中原文化和闽南本土文化相结合的产物。它与闽南的地理、气候条件及文化习俗等相结合，形成一种独特的建筑形式。闽南传统建筑技艺是独特的南派古建筑非物质文化遗产，也是闽南文化的核心支柱。“红砖白石双坡曲，出砖入石燕尾脊，雕梁画栋皇宫式”，短短的一句话高度概括了闽南传统建筑的特点，在中国建筑史上独树一帜。通过本次研学课程，学生将探究学习古厝特有的建筑形式、建筑用材、建筑工艺以及古厝结构；通过实践制作古厝砖画、古厝模型，学生将深层次地了解闽南传统建筑艺术，其与雕刻艺术、书法彩绘的有机结合，从而使古厝成为世界建筑的一朵奇葩。

课程亮点

1 学习与弘扬闽南传统民居营造技艺

了解闽南古厝的起源，建筑形式（前埕后厝、双坡曲、燕尾脊），建筑用材（“闽南红”，闽南传统建筑常见的装饰技法木雕、石雕、泥塑彩绘、彩陶、剪粘等），建造工艺（出砖入石），建筑结构（五架坐梁等），激发对弘扬中华优秀传统文化的热情，提升民族自豪感。

2 理论与实践结合

通过闽南古厝研习课程，参与到古厝砖画、古厝模型的制作过程中，去感受闽南传统民居独特的建筑形式，培养锻炼观察能力、记忆能力、动手实践能力，提高审美情操和地方文化认同感及自豪感。

3 跨学科教学的融合

通过闽南古厝研学课程，聆听闽南古厝的历史来源以及营造技艺讲解，深层次了解闽南古厝独特的建筑形式（包括木雕、石雕、油漆、彩画、安金、堆剪等）。本课程强调跨学科知识的融合，注重理论与实操，让学生对闽南古厝有深层次的认知，进一步感受国家级非物质文化遗产的魅力，开启主动学习之路。

课程目标

1 知识目标

了解闽南古厝营造技艺，掌握闽南古厝历史来源，了解古厝特有的建筑形式、建筑用材、建筑工艺。古厝结构等。

2 情感目标

随着现代化进程的加速，城市改造及房地产建筑业兴起，很多闽南传统民居被拆迁或损毁。同时，现代建筑工艺迅猛发展，传统建筑市场萎缩，一些名师名匠及其传人或去世或改行，闽南传统民居营造技艺面临消亡的危险。通过闽南古厝营造技艺课程，学生了解到闽南古厝是世界建筑界的一朵奇葩，从而更加深刻地了解地方文化，激发民族自豪感，为闽南古厝营造技艺的传承与弘扬出一份力。

3 能力目标

通过参观讲解、探究、动手实操等方式，培养锻炼学生的观察能力、记忆能力、动手实践能力、绘画能力。

4 思政目标

闽南古厝研学课程通过讲解古厝营造技艺，让学生了解闽南古厝是世界上独特的建筑奇葩，作为国家级非物质文化遗产，用料讲究、工艺精湛、装饰华美、布局规整、轴线对称，富有多元创造性和趣味性；“燕尾脊”式建筑有着深厚的建筑历史文化内涵，是古代劳动人民智慧的结晶，也是我们当代人宝贵的遗产。本课程以古厝砖画、模型为切入点，抛砖引玉，让学生参与到传统文化的弘扬与传承中，做一个小小的传承人和传播者。

研学对象及其认知需求

小学一至六年级、初中、高中、成人

课程需要孩子具备观察能力、记忆能力、色彩应用能力、动手实践能力、美学审美能力，能凭借闽南古厝营造技艺知识绘画出属于自己的古厝作品。整体的活动符合小学一至六年级、初中生、高中生学生的认知规律。

课程内容安排

时间段	活动环节	活动目标	活动内容	活动场地
08:45—9:00	签到		集合，宣读注意事项，合影留念。	园区大门口
9:10—9:40	参观家规家训馆	使学生学习好家规家训，传承好家风	由专业讲解员讲解湖里区家规家训馆，内含4个场馆：国家名人馆、福建名人馆、厦门名人馆、湖里区名人馆	湖里区家家训馆
9:40—10:10	参观惠和闽南古厝	参观闽南古厝，了解闽南古厝历史来源，古厝特有的建筑形式、建筑用材、建筑工艺、古厝结构等，最后进行探究与实践	1.惠和古厝历史来源； 2.惠和古厝建筑结构； 3.惠和古厝彩绘、建筑构造及寓意； 4.惠和古厝传统民居建筑结构	惠和闽南古厝
10:10—11:40	闽南传统民居研学课程	通过研学导师的课程，学习古厝砖画及古厝模型制作，探究学习闽南传统民居的营造技艺	1.学习古厝燕尾脊、双坡曲、前埕后落等建筑构造的绘画； 2.学习闽南古厝建筑结构——五架坐梁等，探究学习古厝模型制作； 3.总结	惠和闽南古厝
11:40—11:50	作品合影	与自己制作的古厝砖画、古厝模型作品合影留念		惠和闽南古厝
12:00—13:00	惠和特色石头饭	采用青斗石石锅加热至300℃，配以崇武鱼干、地瓜、闽南传统鱼卷、闽南特色肉酱制作而成的闽南传统石头饭	学生一起感受闽南传统石头饭的美味	表演厅

课程开展情况

课程教学人员配备：指导专家1名、研学导师1 名、研学助教 2名、活动统筹人员 1 名。2022 年1 月至 5月，已开展60场，共计500人次参与。

项目 7 我是快乐小农夫

基地名称

荣杰园台湾水果观光园

厦门市翔安区荣杰园科普教育基地。

研学主题

我是快乐小农夫。

核心理念

科普研学之旅是一场没有黑板的学习，一草一木，一花一果，昆虫禽畜，皆是教育。

课程简介

本课程以果园基地作为户外课堂，通过对水果各品种名称、种植方法、肥料农药的讲解，农业二十四节气的介绍，引导学生对健康果蔬、食品安全的了解，学习区分农业的益虫与害虫；通过巧手DIY的制作环节，引导学生学习环保理念、垃圾分类，体验到农人不易，激发爱惜、珍惜食品的传统美德。

课程亮点

1 一年四季水果品种多

荣杰园是厦门首创一年四季开放的水果观光农业园，种植20多个台湾地区最新水果品种。

2 绿色健康种植

园内采用草生栽培，水肥一体化，有机肥，酵素叶面肥生态种植，所有树生水果均用套袋管理。

3 户外课堂，寓教于乐

户外课堂，更有利于孩子认识到农业知识的方方面面，提高劳动能力及培养爱惜食物、关爱农民意识。

课程目标

1 知识目标

认识水果、昆虫、家禽，了解农业种植，认识二十四节气，了解果蔬肥料、农药，及食品安全，学习垃圾分类的小常识。

2 情感目标

了解大自然的生长规律，体会农人不易，学会珍惜食物、关爱他人。

3 能力目标

通过眼看、手动、心思的过程，提高学习思维能力以及共情能力。

研学对象及其认知需求

幼儿园、小学、初高中

幼儿园：幼儿园全体学生，可以听从带领安排。小学：小学全年段学生，可以听从带领安排，有简单的动手能力。初高中：初高中全年段学生，具有一定的动手能力及逻辑思维能力。以上整体研学活动会根据学生的年龄段对DIY的部分做适当调整。

课程内容安排

<table>
<tr><td>活动要求</td><td colspan="2">1.确保安全第一；
2.顾全大局，服从安排；
3.注重学生素质培养，贯彻科普基地教育思想；
4.需穿运动鞋、着校服、不带贵重物品</td></tr>
<tr><td>活动安排</td><td colspan="2">活动内容</td></tr>
<tr><td rowspan="3">8:10—9:30</td><td>接迎学生</td><td>1.清点班级人数，核对学生名单，须准确无误；
2.向校方班主任了解班级情况并做好有关记录，注意学生异常情况登记</td></tr>
<tr><td>车程活动</td><td>1.强调乘车安全，卫生等注意事项；
2.熟悉班级干部，并安排班干部协助组织活动；
3.和学生介绍基地内容，开展趣味活动，活跃车上气氛</td></tr>
<tr><td>下车集合</td><td>1.强调下车安全注意事项，清理车内垃圾入袋；
2.查看车内是否有遗漏物品；
3.集合清点人数，简明重申活动安排</td></tr>
</table>

续表

<table>
<tr><th>时间安排</th><th colspan="2">活动内容</th></tr>
<tr><td>9:30—12:00</td><td colspan="2">1.园区环境介绍；
2.安全介绍；
3.学习认识台湾地区水果；
4.品尝当季新鲜水果；
5.了解水果种植过程；
6.认识可爱动物；
7.喂养可爱动物</td></tr>
<tr><td>12:00</td><td colspan="2">营养午餐烧烤或亲子厨房（注意卫生，强调食品安全，珍惜食物）</td></tr>
<tr><td>13:30—15:30</td><td colspan="2">1.农学实践——手作课程；
2.学习认识植物——植物贴画；
3.巧手工艺坊——手工扎染等</td></tr>
<tr><td rowspan="4">15:30—16:00</td><td>个人整理</td><td>1.协助学生整理好个人物品；2.做上车前准备</td></tr>
<tr><td>集队登车</td><td>1.各班级整队清点人数；2.有序登车</td></tr>
<tr><td>车上活动</td><td>1.回顾总结活动；2.表扬鼓励学生；3.组织文娱活动</td></tr>
<tr><td>校内交接</td><td>1.下车集队清点人数，检查是否有遗漏物品；
2.将队伍带入校园，向校方领导汇报活动情况；
3.清点人数后办好交接手续，简单小结与学生告别</td></tr>
</table>

课程开展情况

课程教学人员配备：设计师1名、研学导师1名、研学助教1名、安全员1名。2017年至2021年，已开展93次课，共计19838人次的学生参与课程。

中草药品种认知与生长习性

基地名称

塔斯曼千草园科普教育基地。

塔斯曼千草园

研学主题

中草药品种认知与生长习性。

核心理念

认知中药材、培养对中草药的兴趣爱好。

课程简介

学生通过现场对传统中草药实物认知，了解其生长习性，同时亲手种植中草药，深刻体会种植的过程，以及日常养护的技术。组织培养操作，让学生了解到通过现代组培克隆技术能快速繁育种苗，体验科技所带来的传统种植技术的改变，让广大儿童从小培养对中草药的兴趣，学草药、用草药、吃草药。

课程亮点

通过对中草药类别、属性、习性、等知识的了解，以及亲自浇水、施肥了解中草药的生长过程，激发对植物的兴趣，培养观察能力，锻炼动手能力，养成良好的生活习惯。

课程目标

1 知识目标

通过对中药材形态、气味观察，认识基础民间常用的品种。

2 能力目标

通过动手实操种植等，激发对植物的兴趣，培养观察能力，锻炼动手能力，养成良好的生活工作习惯，认识运用现代科学技术快速生产繁育植物。

研学对象及其认知需求

小学三至六年级

课程需要孩子具备数学理解和应用能力、独立思考能力、解决问题的能力，能凭借具体事物或从具体事物中获得的表象进行逻辑思维和群集运算。整体的活动符合小学三至六年级学生的认知规律。

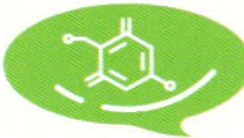

课程内容安排

时　间	活动安排
9:00	停车场集合
9:00—10:00	参观园区
10:00—12:00	参与“中草药种植、组培”课程，学习种植技术和生长习性等内容，掌握运用现代组培技术繁育种苗操作
12:00	活动结束

课程开展情况

课程教学人员配备：设计师 1 名、研学导师 3 名、安全员 1 名。

2022 年 2 月至 5 月，已开展 3 次课，共计 150人次的学生参与课程。

工程技术篇

编者按

工程师是人类最有趣的职业之一，工程师们常用的思维方式是在情境体验和限制条件下，围绕工程标准，设计出可行的方案并实施，以帮助他们高效解决问题。工程师和科学家有一个不同，科学家常常是告诉大家这件事可以做，但是工程师要明白怎么做。比如我们要做一个永动机，科学思维需要验证这个能不能实现，而工程思维是需要用到什么技术来实现。

如今，科学思维，也就是批判性思维被人们不断提起，但是工程思维被很多人忽略。工程思维首先是把复杂问题分模块解决，把大问题分成若干个部分来处理，这是结构化，其次在约束条件下行动，再有就是取舍。

现实社会上出现的问题，大多是没有标准答案的，而工程思维这种解决问题的能力，正是孩子成长过程中所不可或缺的。

近年来，基于工程技术的STEAM教育理念方兴未艾，强化了学生的创新精神，促进了学生探究能力的发展。利用STEAM理论开展中小学生的科学技术与工程教学，可以拓宽教育途径，有效促进中小学生综合素质的提升。

综合管廊是什么

基地名称

厦门综合管廊展示厅。

厦门市政管廊

研学主题

综合管廊是什么。

核心理念

科普综合管廊在城市生活中的巨大作用。

课程简介

课程通过展厅LED屏、互动滑轨屏、VR沉浸体验区、数字沙盘及全息投影等设备，运用声光电等科技手段，多角度展示综合管廊的厦门模式及综合管廊内部具体构造、智能化运维系统，让学生了解管廊的巨大作用。

课程亮点

1 多角度展示

在综合管廊展示厅通过视频播放、展板介绍、沙盘讲解、VR体验等方式，让学生了解管廊是什么，规划建设、施工工艺、新材料新技术等科研工作开展情况，以及厦门有关工作开展情况和取得成就。

2 深入参观

深入管廊内部参观入廊管线种类、布局，智慧管廊运维管理情况。

3 全程有奖互动

通过全程的有奖互动问答，活跃气氛，增进交流，巩固学生知识。

课程目标

1 知识目标

让参观者了解什么是城市综合管廊，综合管廊是怎么建设及运营管理的，以及厦门至目前所取得的成就。

2 思政目标

让参观者了解管廊建设在保障城市安全运行、防抗自然灾害、美化城市景观等方面的巨大作用，从而支持城市综合管廊建设。

研学对象及其认知需求

小学四年级至初中生均可，符合该年龄段的认知能力要求。

课程内容安排

时间段	活动环节	活动目标	活动内容	活动场地
9:30—9:40	抵达展厅		集合列队，有序进入展厅	翔安新机场综合管廊展示厅
9:40—10:10	观看视屏，聆听讲解，有奖互动问答	使学生了解管廊是什么、可纳入管线种类、规划建设、施工工艺、智慧管廊、新材料新技术等科研工作开展情况，以及厦门有关工作开展情况和取得成就	通过LED屏观看厦门管廊建设总体情况介绍；通过平台演示、展板介绍、互动滑轨屏、VR沉浸体验区、数字沙盘及全息投影等设备，运用声光电等科技手段，介绍管廊规划建设、运营维护、新工艺新技术的运用	翔安新机场综合管廊展示厅
10:10—10:30	参观地下综合管廊，有奖互动问答	了解纳入管线种类、布局，以及管廊的作用	了解纳入管线种类、布局，以及管廊的作用，有奖互动问答	翔安新机场综合管廊展示厅

续表

时间段	活动环节	活动目标	活动内容	活动场地
10:30—10:45	合影留念			展厅门口
10:45	活动结束			

课程开展情况

课程教学人员配备：设计师及研学导师1名、研学助教1名、安全员4名。

2018年7月25日，市政集团开展的改革开放四十周年系列活动之“市政集团企业开放日，小记者看市政”活动在翔安新机场综合管廊展示厅举行，来自全市各所小学的厦门日报融媒体“小记者”约50人参观了综合管廊，了解了管廊的发展历程、建设过程、新技术新工艺、智慧管控平台，以及管廊在城市运行中发挥的各项作用。

2019年8月26日，“市政集团企业开放日活动之小记者看市政”在翔安新机场综合管廊展示厅科普教育基地举行。

“普及水治理，保护水环境”——实地参观城市污水处理厂

基地名称

筼筜水质净化厂。

研学主题

“普及水治理，保护水环境”——实地参观城市污水处理厂。

核心理念

普及水治理，保护水环境。

课程简介

科普人员为前来参观的学生进行水污染及治理科普。内容包括参观目前厂区所采用的污水处理技术，了解污水处理技术发展趋势，了解污水处理厂服务于社会，在改善、保护水环境、人居环境质量方面所带来的显著效益。同时提醒参观学生树立节水意识，增强环境保护社会责任感，在环境教育中发挥积极作用。

课程亮点

1 动画演示

通过形象的动画讲解将污水处理过程转化成青少年容易理解的形式，生动展示。

2 效果展示

通过对各污水处理构筑物进出水现场取样，用烧杯对比展示，让广大青少年体验污水处理效果。

3 宣介筼筜湖治理历史

通过现场展板及讲解员讲解的形式，让大家由筼筜污水的治理过程进行延展，了解习近平同志在厦门提出的“依法治湖、截污处理、清淤筑岸、搞活水体、美化环境”的20字治水方针内涵及厦门市30多年来在水环境治理方面的成果。

课程目标

1 知识目标

组织学生通过实地参观，提升其对城市污水处理过程的认知，通过实践认知提升其对课堂物理、化学、生物知识的理解。

2 态度目标

提醒学生建立节水意识、环境保护意识，增强环保社会责任感，为生态文明思想的传播发挥积极作用。

3 思政目标

通过对厦门筼筜湖治理历史的讲解，让前来参观的学生了解厦门30多年来在水环境治理方面的成果，并感受污水处理厂服务于社会，在改善、保护水环境、人居环境质量方面所带来的显著效益，更加深刻了解我国建设生态文明的理念基础及具体举措。

研学对象及其认知需求

小学三至六年级、中、大学生

针对三至六年级小学生：需要参与者有基本的逻辑能力、独立思考能力、主动学习的能力。针对中学生：需要参与者有物理、化学、生物学科基础及独立思考、主动学习能力，能将实践知识与课堂理论知识结合。针对大学生：需要参与者有给排水、环境科学、环境工程等相关专业基础，对污水处理有浓厚的学习兴趣。

课程内容安排

时间段	活动环节	活动目标	活动内容	活动场地
9:00—9:10	集合	/	集合签到	厂区广场
9:10—9:30	厂区参观安全注意事项告知	对参观人员强调安全注意事项，确保参观安全	由厂安全员宣读参观安全告知书，并告知安全注意事项	厂三楼会议室

续表

时间段	活动环节	活动目标	活动内容	活动场地
9:30—10:00	污水处理科普视频观看与厂简介、厂区工艺介绍	使前来参观的学生对污水处理过程及厂区污水处理技术有系统性的认识	科普人员对前来参观的学生进行水污染治理科普讲座，内容包括目前厂区所采用的污水处理技术	厂三楼会议室
10:00—11:00	厂区现场参观介绍及筼筜湖治理历史介绍	介绍、参观厂区所采用的污水处理技术，体验污水处理效果，了解厦门筼筜湖治理历史	1.厂中央控制室观摩厂中央控制系统； 2.介绍厦门筼筜湖治理历史； 3.跟随讲解员参观污水处理全流程，并取样比对构筑物处理效果	厂区各污水处理单元
11:00—11:30	参观交流座谈	对参观过程进行总结复盘	1.参观过程中学生有问题可提出，科普人员进行解答； 2.填写参观满意度调查表进行评价	三楼会议室
11:30	活动结束			

课程开展情况

课程教学人员配备：工程师2名、安全员2名。

单次活动可接待20 ～ 30人。2021年共接待5批次116人。

“生物与工程”系列课程：了不起的“动物工程师”

基地名称

厦门科技馆。

厦门科技馆
研学基地

研学主题

“生物与工程”系列课程：了不起的“动物工程师”。

核心理念

实践理数知识，塑造工匠精神，融合校内外课程。

课程简介

课程结合小学科学五年级生物与环境、六年级生物的多样性课程章节相关内容，带领学生走进神秘的鸟类建筑世界，让学生通过观察天然鸟巢与人工鸟巢的修建方式和建筑特点，反思这两种鸟巢在实用功能上的优缺点，并设置虚拟情景激发学生设计鸟巢，让他们在认识自然、敬佩动物、尊重生命中逐步完成对学生的生命教育和生态文明的启蒙。

课程亮点

1 真实问题的解决

创设“台风侵袭，鸟类失去家园”的模拟情境，探讨解决问题的具体方案，通过自行设计和动手制作人工鸟巢作品，并测试人工鸟巢的实用性与舒适度，以解决无家可归的小鸟遇到的现实困难。

2 数理思维的实践

通过测量、绘制、切割、打磨等一系列实践环节及操作步骤，锻炼学生的分析设计能力与动手实操能力。

3 多维教学的融合

基于“STEAM+ PBL”模式设计课程，注重多学科知识交叉融合，以问题为导向开展PBL 项目课程，通过 发现和解决实际问题来达到知识和能力的建构，让学生开启主动学习之路。

课程目标

1 知识目标

完成小学科学五年级和六年级教学目标，通过观察、记录、探讨等方式了解动物生活的巢穴的结构特点。

2 情感目标

了解动物生存环境的复杂与严酷，促使认识到人类活动应如何尽量避免影响动物的生存条件，树立爱护动物、保护生命的意识。

3 能力目标

通过探究、动手实操等方式，培养学生的工程结构思维，发展设计和建构的能力。

4 思政目标

通过解剖鸟巢结构及制作人工鸟巢实践，引导学生从生态系统的整体性和复杂性入手，初步理解生态文明建设的意义和人类命运共同体构建的价值。

研学对象及其认知需求

小学三至六年级

课程需要孩子具备数学理解和应用能力、独立思考能力、解决问题的能力，能凭借具体事物或从具体事物中获得的表象进行逻辑思维和群集运算。整体的活动符合小学三至六年级学生的认知规律。

课程内容安排

时间段	活动环节	活动目标	活动内容	活动场地
9:00—9:10	签到		破冰活动：自我介绍	木工教室
9:10—9:30	课前热身小游——“动物动物捉迷藏”	使学生相互熟悉，尽快融入课程主题	1. 吸引：故事导入。 2. 热身小游戏——“动物动物捉迷藏”	物种乐园

续表

时间段	活动环节	活动目标	活动内容	活动场地
9:30—10:00	有趣的筑巢行为——户外观察鸟巢	用开放性问题，引发学生思考，并通过原理讲解，给予学生启示，思考问题的解决方案，最后进行探究与实践	1.提出“小鸟的新家主题”，在户外学生与家长一起，观察真实鸟巢与鸟巢模型，分析鸟巢结构由巢内壁和巢外壁构成。 2.通过观察，分析鸟巢各个结构的作用。 3.园区内观察并寻找鸟巢保温层搭建需要的材料，如树皮、地衣、苔藓、羽毛、棉花、干草等。 4.头脑风暴——讨论天然鸟巢的优缺点，人工和天然鸟巢的优缺点	木木工教室、物种乐园
10:00—11:30	设计制作小鸟别墅	通过别墅的设计培养学生的空间思维；通过选择合适的材料、合理的力学结构建造小鸟别墅，培养学生分析问题、解决问题的能力	1.学生绘画设计小鸟别墅。 2.学习基本结构，了解木工常见的连接方式——钉子、合页、白乳胶、点点胶等。 3.学习榫卯结构拼接，分析常见连接方式和榫卯拼接的优缺点。 4.制作小鸟别墅： ①分析小鸟别墅的形状以及连接方式； ②选出最合适的材料、形状制作小鸟别墅实体。 5.总结	木工教室
11:30—11:45	成果复盘	对探究过程进行总结复盘，总结解决问题的过程与方法	评价准备：学生两人一组，回顾探究过程，一起总结出小鸟别墅设计过程，共同准备汇报的内容。 评价：创意达人展示——从强度、稳定性、外观分享自己设计的小鸟别墅	木工教室
11:45—12:00	悬挂小鸟别墅	验证自己所制作的作品是否能解决实际问题	学生和家长一起悬挂小鸟别墅	户外
课后	课程跟踪（后续）		小鸟入住率调查	户外/线上

课程开展情况

课程教学人员配备：设计师1名、研学导师1名、研学助教1名、安全员1名。2022年2月至5月，已开展15次课，共计688人次的学生参与课程。

项目4 创客工坊——吸管建筑师

基地名称

海峡院未来科技馆

清华海峡研究院未来科技馆。

研学主题

创客工坊——吸管建筑师。

核心理念

理解力学知识，培养创新精神，提升构建能力。

课程简介

课程带领学生们认识来自不同地域的特色建筑，介绍雕塑的艺术手法以及雕塑构造的基本形式，吸引学生主动探究建筑结构的重心与稳定性。本课程将会通过一系列好玩又有趣的实验，认识了解世界各地不同领域、不同建筑的文化特色，轻松打造出“吸管建筑界”的标志建筑。

课程亮点

1 知识点丰富

认识国内外建筑物的特点，了解雕塑的结构，认识物体的稳定性以及寻找重心的方法。

2 寓教于乐的学习模式

依托于学生教材研发课程教具，用吸管的搭建方式呈现力学理论基础，在游戏的乐趣中锻炼学生的构建能力和创新能力，让学习自然发生。

3 课程联合开发

课程由清华大学创客教育实验室、清华大学i.Center创客空间共同研发，融合科学、技术、工程、数学设计、人文艺术、领导力、媒介整合力（STEM+DALM）的“创客赋能”课程体系、“英雄之旅”创新教学方法论、创客能力测评体系，为不同阶段的学习者赋能，提升学习者的创新自信力、造物技能与创新思维。

课程目标

1 知识目标

认识世界各地不同地域、文化的建筑特色，开阔眼界；理解结构力学平衡原理。

2 情感目标

结合各流派建筑特色的变化讲述历史宗教的发展，引发学生对建筑与人文的思考；学习著名建筑师刻苦钻研的工匠精神。

3 能力目标

通过吸管与Strawbees的神奇结合，熟练掌握Strawbees的使用方法，培养学生的创新能力、构建能力及团队合作能力。

4 思政目标

通过认识世界各地代表性建筑，运用吸管与Strawbees的结合制作出自己心目中的神奇建筑，探究建筑结构的重心与稳定性，从而从理论知识迈向创新与实践。

研学对象及其认知需求

小学一至六年级

课程需要参与者具有手作基础，独立思考、团队协作能力。课程以建筑认知为切入点，用有趣的知识问答和对比试验带动孩子对结构力学、建筑中的数学、美学等产生兴趣，着重培养学生的创新能力和动手操作能力及组间合作的能力。针对五至六年级的学生增加建筑物高度、建筑面积等测算，介绍建筑物中的黄金分割点的运用以及勾股定理找直角等知识。

课程内容安排

时间段	活动环节	活动目标	活动内容	活动场地
9:00—9:10	签到		抓阄分组，破冰游戏	未来科技馆序厅
9:10—9:40	建筑赏析	中内外代表性建筑物赏析，认识天才设计师建筑物及劳动人民智慧的建筑物	1.赏析世界知名建筑，“建筑连连看”答题热身； 2.认识比萨斜塔、神圣大教堂和福建土楼的建筑背景和建筑亮点	未来科技馆多功能教室
9:40—9:55	探究雕塑设计	认识雕塑的艺术手法以及雕塑构造的基本形式。	1.认识雕塑具象、抽象、意向的3种手法； 2.雕塑的7种形式构造	未来科技馆多功能教室

续表

时间段	活动环节	活动目标	活动内容	活动场地
9:55—10:10	认识吸管并学习吸管与Strawbees的搭建	通过认识吸管，让同学掌握绿色环保理念。掌握吸管与Straw bees的搭建	1.认识各式各样吸管，并了解吸管的材质和特性； 2.掌握吸管和Strawbees的搭建技巧，从平面的结合再到立体的搭建	未来科技馆多功能教室
10:10—10:40	动手搭建建筑物	开发同学的想象力和创新性	利用吸管和Strawbees的结合，搭建出自己的建筑物	未来科技馆多功能教室
10:40—10:50	建筑物稳定性、抗震性测试		1.作品展示，并对作品进行抗震、抗风等测试； 2.分析为什么建筑物不能承重，维持稳定等	未来科技馆多功能教室
10:50—11:10	建筑稳定性三要素	带着问题探究物体的稳定性，总结出让建筑保持平衡的方法	1.游戏找重心； 2.平衡小实验； 3.影响结构稳定性的因素； 4.吸管建筑稳定猜猜猜	未来科技馆多功能教室
11:10—11:30	建筑物修复	根据所学知识将建筑物修复	1.分享建筑的设计初衷及制作思路、功能、特点与创新点、解决稳定问题的方法； 2.评选出小小建筑师，颁发证书； 3.清华海峡研究院未来科技馆清华二校门合影留念	清华海峡研究院未来科技馆

课程开展情况

课程教学人员配备：设计师1名、研学导师1名、研学助教1名、安全员1名。2022 年5月起正式开启课程，截至当前共计50人次的学生参与课程。

项目5 “光影世界”系列课程：拾光之旅，领略全息世界

基地名称

厦门科技馆。

厦门科技馆
研学基地

研学主题

“光影世界”系列课程：拾光之旅，领略全息世界。

核心理念

领略光影魅力，培养探究精神，感悟先进科技。

课程简介

本次的研学课程结合小学科学四年级阳光下的影子和六年级平面镜成像章节相关内容，运用任务驱动法，结合多媒体、舞台表演、动手制作、作品展示等多种手段，融入科学、技术、工程、数学多重领域的知识与技能，引导学生主动学习、多角度思考、自主设计、解决问题，认识掌握光的性质、不同类型的镜子、全息投影等原理，通过趣味十足的光学表演玩转光学知识，了解光的概念、内涵和外延等相关光影的科学知识。

课程亮点

1 资源丰富

通过光学区、魔法乐园展品资源引发学生的学习兴趣，促使学生掌握基础的光学原理，把常见的光学现象玩出不同的花样；通过观察、测量、统计等一系列探究实验，锻炼学生的分析设计能力。

2 实践性强

利用简单的材料和工具，制作手机全息投影显示架、红蓝立体眼镜，还原天宫课堂实验，培养学生的实践动手能力。

3 趣味性强

结合精彩的激光表演，讲述光学在生活当中的应用，增强课程趣味性。

课程目标

1 知识目标

完成小学科学四年级教学目标，通过观察、记录、探讨等方式了解影子形成的条件以及平面镜成像原理，了解光学应用的前沿科技。

2 情感目标

从生活中的自然现象认识到自然事物是在不断变化的，事物的变化之间是有联系和有规律的，感受光学现象的科学之美与艺术之美。

3 能力目标

通过探究、动手实操等方式，培养学生的科学探究思维，促使学生能够根据现象和数据实事求是进行推理和分析。

研学对象及其认知需求

小学三至六年级

课程需要孩子具备一定的数学理解和应用能力、独立思考能力、解决问题的能力，能凭借具体事物或从 具体事物中获得的表象进行逻辑思维和群集运算。整体的活动符合小学三至六年级学生的认知规律。

课程内容安排

时间段	活动环节	活动目标	活动内容	活动场地
9:00—9:10	签到		破冰活动：自我介绍	科技馆序厅
9:10—9:20	课前热身小游——“光影魔术手”	使学生相互熟悉，尽快融入课程主题	1.吸引：故事导入。 2.热身小游戏——“光影魔术手”	科学之路
9:20—10:30	拾光捡影——踏上追光之旅	结合馆区的光学展品，通过对光学基础原理讲解，给予学生启示，思考问题的解决方案，最后进行探究与实践	1.自主设计实验探究平面镜成像原理，观察镜子摆放的位置与角度对成像数量和效果的影响。 2.结合展品“光的三原色”开展探究活动，从生活与诗歌中的光影现象入手，了解影子的形成与影响影子的大小的因素，最后学以致用完成互动挑战。 3.观察展厅内不同的镜子，了解不同的光学元件以及在生活中的应用	探索馆光学区

续表

时间段	活动环节	活动目标	活动内容	活动场地
10:30—12:00	追光逐影——艺术与科技的碰撞	通过光影多媒体区展品，在互动体验中进一步了解光学原理在生活中的应用以及现代科技背后的基础原理	1.通过光影多媒体区域的体验，感受光影技术打造的沉浸式体验空间，了解光学在现代生活各个方面的应用。 2.通过展品“汽车车身构造”了解全息技术的原理，并且在互动中感受全息技术的优势以及应用。 3.在掌握原理的基础上开展头脑风暴，畅想全息除光学领域外的应用，并在展品“全息音响”中感受全息技术在声学领域的应用	创造馆、和谐馆
12:00—13:00	用餐午休			序厅
13:00—14:00	光怪陆离——成为抓住光的人	结合所学的光学原理，动手制作掌上全息、立体眼镜等光学手工，并且完成“天宫课堂”光学挑战	1.制作立体眼镜，巩固光的三原色、色分技术等光学原理。 2.制作掌上全息，深入了解佩珀尔幻象，巩固光的反射与折射相关知识。 3.完成“颠三倒四的我”天宫课堂同款实验，了解凸透镜成像原理	科学者联盟
13:00—14:30	流光溢彩——精彩绝伦光影舞台	将声、光、电、影、音多重演艺元素整合为舞台视听表现，使科学演出更加兼具现场艺术性	激光，是人类的重大发明，被称为“最准的尺”“最快的刀”“最亮的光”，学生跟随着光博士以及他的冒失小助手，开启一段不一样的光之旅，感受激光技术的应用	磁电大舞台
14:30—15:30	成果复盘	对研学过程进行总结复盘，总结解决问题的过程与方法	1.评价准备：学员两人一组，回顾探究过程，一起总结出光学科技的发展对于社会的意义，共同准备汇报的内容。 2.评价：创意达人展示——通过汇报、表演、绘画等形式展示自己的课程总结	磁电大舞台

课程开展情况

课程教学人员配备：设计师 1 名、研学导师 1 名、研学助教 1 名、安全员 1 名。到目前为止已开展16次课程，共计450人次的学生参与课程。

项目 6 探秘光影，扬帆再启航

基地名称

通士达照明

厦门通士达光影体验馆。

研学主题

探秘光影，扬帆再启航。

核心理念

体验光影乐趣，学习科普知识，塑造创新精神。

课程简介

课程用通俗易懂的语言教学相关科普知识，旨在开阔学生的视野，激发学生学习科普知识的兴趣，塑造他们的创新精神，让他们从小树立使用环保灯具的意识，学会保护生态环境，保护自己与家人的身心健康。

课程亮点

1 贴近生活实践

现场解剖灯具，让学生近距离地观察灯具的内部构造；结合课堂教学，加深学生对相关科普知识的理解，激发学生创新性学习的兴趣。

2 现场讲故事

爱迪生对灯具的发展做出了不可磨灭的贡献，鼓励学生现场讲一讲爱迪生的励志故事，引起大家的共鸣，学习爱迪生的创新精神与伟大品格，激励学生勇往直前。

3 多学科融合

参观前收集带有“灯、光、影”3字的古诗词，课堂现场展示；灯的发展史同时也是人类追求光明的历史；集合自己的想法，画一画心中的明灯。课程与科学、语文、历史、美术等学科相关联，以问题为导向，带动学生触类旁通。

课程目标

1 知识目标

了解人类追求光明的历史，学习与光影有关的科普知识，理论联系实际，融合各学科知识体系。

2 能力目标

实地体验光影，现场解剖灯具，制作灯具，背诵带有“灯、光、影”的古诗词，加深理解人类追求光明的历史。

3 情感目标

通过学习灯具发展史，学习古人的创新工匠精神。

4 思政目标

学习与灯、光、影的相关科普知识，从绿色环保健康入手，初步理解生态保护的重要性，立志成为未来科技强国的建设者。

研学对象及其认知需求

小学二至六年级

课程需要孩子具备一定的认知能力、综合应用能力、独立思考和解决问题的能力以及动手制作的技能，能凭借参观体验和课堂的讲解，独立制作一盏明灯。整体的课程符合小学二至六年级学生的认识规律。

课程内容安排

时间段	活动环节	活动目标	活动内容	活动场地
9:00—9:10	到达光影体验馆		序厅整队，准备参观	序厅
09:10—10:30	参观光影体验馆、光影艺术馆、大马灯广场	培养文明有序参观、认真倾听讲解、认真细致观察、礼貌提问等好习惯	1.参观古代灯展区； 2.体验发光原理区； 3.光影体验互动区； 4.钨丝字、画展区； 5.参观光影艺术馆	光影体验馆 户外大马灯广场 光影艺术馆

续表

时间段	活动环节	活动目标	活动内容	活动场地
10:30—11:10	科普之光微课堂	通过参观与课堂教学，引发对灯光影科普知识的思考；加深光影印象，积累学习素材，最后进行实践与探究	1.参观结束后，进入课堂学习灯光影的相关科普知识； 2.现场解剖灯具，深入认识灯的构成； 3.现场检测灯的质量好坏； 4.展示带有“灯、光、影”的古诗词； 5.画一盏照亮前行的明灯； 6.认识科技照明产品	光影艺术馆二楼科普教室
11:10—11:30	制作一盏灯	通过灯具的制作，培养独立思考和空间思维能力，锻炼动手技能，提升分析问题、解决问题的能力	1.观看视频和说明书； 2.认识灯的基本构成——灯头、散热器、驱动器、光源组件、扩散罩等，独自检查零配件是否满足制作的需要； 3.熟悉灯具制作的流程，思考灯具制作的解析； 4.团队协作，共同解决制作过程中遇到的问题； 5.总结	光影艺术馆二楼科普教室
11:30—11:50	制作成果复盘	盘点制作过程中所遇到的问题，进行汇总总结，最终达到提升的目标	1.评价准备——学员按小组进行回顾，总结出制作过程的问题与方法，共同准备汇报内容； 2.评价——制作成果展示，从线路连接、外观、细节分享自己设计的明灯	光影艺术馆二楼科普教室
11:50—12:00	点亮明灯	验证自己制作的明灯是否可以点亮	学生在试灯台上检测明灯是否可以亮起来	光影艺术馆二楼科普教室
课后	课后跟踪（后续）	激发对未来高科技产品的向往	调查未来灯的发展方向	线上

课程开展情况

课程教学人员配备：设计师1名、研学导师1名、研学助教5名、安全员2名。2022年2月至5月，已开展8次课，共计386人次的学生参与课程。

项目7 机（器人）·智（能制造）之旅

基地名称

优必学人工智能机器人科普研学基地。

优等生研学社

研学主题

机（器人）· 智（能制造）之旅。

核心理念

学习机器人与人工智能知识，体验工业生产，融合校内外课程。

课程简介

随着人机时代的到来，智能机器人将逐步融入人们现有的生产、生活、学习中，用来满足工业生产、城市服务、教育陪护等多维度的场景需求。本课程在介绍人工智能发展历程的基础上，系统介绍机器人的组成及原理和机器编程方法。学生现场参观机器人生产线，与机器人工程师开展面对面答疑，并从现实生活中的某个应用场景（不同应用场景对应不同课程内容）出发，通过项目式的学习、探索，提出自己的解决方案，并进行小组汇报评选。最后由老师引导学生将学到的思维和学习方法带回现实生活中，实现学以致用。

课程亮点

1 探秘智能制造工厂，让孩子有机会接触全球领先的机器人技术

参观国内高水平机器人及智能制造工厂，近距离与机器人互动，增强人工智能企业感知，了解最新科技成果。

2 工程师讲座，拓展孩子的行业眼界、学术视野

工程师大讲堂，讲解人工智能所涉及的关键技术，亲身带孩子感受人工智能的魅力。

3 针对性设计与研发课程，提升孩子人工智能与机器人的知识储备

以实体机器人为引导，学习人工智能与机器人等基本知识与技术原理。

4 项目设计任务与赛事活动，提升孩子动手实践能力与赛事策略

挑战一触即发，从机器人大赛赛前机器人设计到赛事策略规划，运用所学知识和团队合作的力量，赢取比赛胜利。

课程目标

1 知识目标

通过对机器人技术和人工智能技术的理论学习，并近距离参观生产工艺技术，零距离体验生产作业，与工程师、老师、同伴交流思想认识，对机器人和人工智能技术原理有较为深入的认识。

2 情感目标

愿意参与团队探究活动，初步形成对自我、团队和社会负责任的态度，及自身在团队中的角色认知；了解机器人技术和人工智能技术的原理及影响；将科技向善的必要性和方法向身边人宣传，并应用于生活中，形成社会公德意识。

3 能力目标

在手工组装、机器人实操课程以及比赛等课程环节学习一定的操作技能并运用于解决生活中的问题；将一定的想法或创意付诸课堂实践环节，通过设计、制作或组装等技术学习，制作和不断改进较为复杂的作品，发展实践创新意识和审美意识，提高创意实现能力。

4 核心素养目标

通过对机器人和人工智能技术的认识，学会关注自然、社会和生活中的现象，深入思考并提出感兴趣的问题，并将问题转化为有价值的研究课题，学会运用科学方法开展研究，并做出基于证据的解释，形成基本符合规范的研究报告或其他形式的研究成果。

研学对象及其认知需求

小学、初中、高中、大中专学生

课程需要根据学员的年级特征安排不同的课程内容。整体的活动符合小学、初中、高中、大中专学生相应年级的认知规律。

课程内容安排

时　间	活动安排	活动内容
9:00	基地集合	签到
9:00—9:30	开营仪式，了解营员安全守则	1.破冰； 2.了解工厂安全守则； 3.组建战队
9:30—10:00	学习人工智能发展历史，了解机器人结构原理	1.通过展厅，了解人工智能的发展和机器人技术，以及人工智能机器人在医疗、康养、教育等多个行业的应用案例等； 2.动手体验悟空机器人，会简单操作
10:00—10:30	参观机器人生产线	1.工厂参观，感受智能时代，机器人生产 机器人的工厂模式； 2.了解机器人公司中各个职业及工种内容
10:30—10:40	与工程师面对面交流	参与工程师的讲座，拓展学术视野、职业认知等
10:40—11:30	学习应用场景，提出应用场景解决方案	1.以实体机器人为引导，学习人工智能与机器人等基本知识与技术原理； 2.以小组为单位，以项目式任务为引导，设计机器人解决方案
11:30—12:00	设计机器人，提出解决方案	
12:00—14:00	午餐、午休	
14:00—16:00	机器人实操，方案实现、调试	开展一场机器人相关的赛事活动，在赛事中验证方案，并强化动手能力与赛事策略
16:00—16:30	方案展示	
16:30—17:30	学习总结+证书颁发+结业典礼	

课程开展情况

课程教学人员配备：研学导师 1 名、研学助教（工程师兼）1 名、安全员（技术员兼）1 名。

2022年2月至6月，已开展20次课，共计678人次参与。

 8 “筑梦蓝天 放飞梦想”青少年无人机研学

基地名称

厦门小飞客教育科技研学基地。

小飞客创客无人机

研学主题

“筑梦蓝天 放飞梦想”青少年无人机研学。

核心理念

学习无人机应用知识，体验飞行乐趣。

课程简介

无人机是一种新型的科学智能的产物，要想驾驭它，需要学习不少关于空气动力学、机械、结构、设计的基础知识。课程通过故事及互动、航模组装活动、无人机实际操作等环节让青少年初步了解无人机的应用场景及基础知识，感受实际操作无人机带来的飞行体验。

课程亮点

1 多学科融合，全面提升理科思维

通过故事及互动环节，让孩子充分了解无人机的发展及应用，激发他们对学科知识的学习兴趣。

2 创客思维

通过航模组装环节，充分锻炼孩子发现问题、分析问题、解决问题的能力，以及空间想象能力、逻辑思维能力和创新思维等。

3 培养动手能力和专注力

通过亲自动手组装无人机、操作无人机环节，充分培养孩子的动手能力、专注力、敏锐思维等综合素质能力。

4 培养良好的心理素质

通过无人机飞行体验与竞技环节，在锻炼孩子心理素质的同时，还能让孩子学会自我展现和培养竞争意识、独立自主的能力。

课程目标

1 知识目标

学习无人机历史知识、无人机的定义、无人机的结构和飞行原理。

2 情感目标

学习无人机、航模的组装，体验实飞，了解航空知识，从而激发对航空科技的学习热情和积极性。

3 能力目标

锻炼学生独立分析问题、推导思路并验证优化的能力，还可以让青少年掌握全系统各环节技术要点，增强团队合作能力。

4 思政目标

弘扬创新实践精神，培养具备开拓创新潜力的下一代创新人才，营造中小学校科技创新文化，激发中小学校自主创新动力。

研学对象及其认知需求

幼儿园大班至高中

课程需要孩子具备一定的动手能力、独立思考能力、简单的遥控操作能力，且需要相对严格的纪律性和自我约束能力。整体的活动符合幼儿园大班以上学生的认知规律。

课程内容安排

时间段	活动环节	活动目标	活动内容	活动场地
9:00—9:10	开班仪式		破冰活动：自我介绍	科普教室
9:10—9:45	参观基地	让学生近距离参观无人机的造型及结构	参观无人机展厅	无人机展厅

续表

时间段	活动环节	活动目标	活动内容	活动场地
9:45-11:15	理论学习+趣味互动	用开放性问题，引发学生思考，并通过原理讲解，给予学生启示，思考问题的解决方案，最后进行探究与实践	学习无人机历史知识、无人机的定义、无人机的结构和飞行原理	科普教室
11:15—12:00	航模组装+飞行总结	通过动手组装无人机或航模，巩固理论知识，锻炼动手能力	分组动手组装航模后，分组飞行观察，根据不同的机翼角度记录不同的飞行姿态	科普教室 基地户外
14:00—16:30	模拟飞行+实飞练习	掌握无人机飞行技术，赛道飞行体验	1.使用无人机教学模拟器了解无人机基础操作； 2.使用教学无人机练习避障穿越等赛道操作	电教室 飞行基地
16:30—17:30	飞行比赛+航拍合影	掌握全系统各环节技术要点，增强团队合作能力	分组进行团队飞行比赛，集体设计姿势，进行航拍合影	飞行基地
课后	学习总结+证书颁发		对当天学习的重点知识做一个总结，并给学生颁发证书，激发青少年对航空科技的学习热情和积极性	科普教室

课程开展情况

课程教学人员配备：研学理论教练5人、飞行教练9人、飞行助教14人。2021年，已开展7次研学活动，共计357人次参与。

项目 9 厦门三圈海陆空模型知识探索

基地名称

厦门三圈模型科技体验基地。

三圈霸道

研学主题

厦门三圈海陆空模型知识探索。

核心理念

实践物理结构学以及传动学等基础知识，初步了解遥控模型的应用领域。

课程简介

课程通过参观模型科技展馆和模拟体验环节，使学生对海陆空型赛事有一定了解，体会赛事竞技精神；通过让学生亲手操控海陆空模型的实践环节，训练学生独立解决问题的能力，提高学生分析、搜索信息的能力。

课程亮点

1 模拟器操作体验

车辆、飞行模拟器体验，训练反应能力。

2 模型和生活相结合

通过学习观察模型，联想生活中模型的应用领域。

3 与竞技文化融合

了解竞技体育文化，提升体育精神。

1 小学研学活动目标

参观模型科技展馆：在讲解员的带领下认识不同类型的海陆空模型，了解其发展史，认识电池的动力作用。

体验模拟飞行和模拟驾驶：学会航模遥控器的操作方法，培养探索精神，同时对航模和车模形成一定的概念。

体验亲手操控模型车辆：掌握车辆模型遥控器的使用方法，动手动脑，培养实践能力，锻炼耐心、细心的品质。

通过参观模型科技展馆，对车模、航模、船模以及电池及其生产流程在头脑中形成一定的认知；通过直观性的实物展示，加强感性认识，积累必要的知识经验；通过亲手操控车辆模型的实践环节，锻炼探索能力。

2 初中研学活动目标

参观模型科技展馆：在讲解员的带领下认识不同类型的海陆空模型，了解其发展史，认识模型与玩具车之间的区别，认识模型的原理构造，认识模型电池的作用。

体验模拟飞行和模拟驾驶：学会航模遥控器的操作方法，认识航模的飞行原理和飞机构造，用遥控器控制机翼飞行，同时培养探索精神；通过模拟驾驶对拉力赛有一点的概念，学会控制车辆的速度和方向。

体验亲手操控模型车辆：掌握车辆模型遥控器的使用方法，动手动脑，培养实践能力，锻炼耐心、细心的品质。

通过参观模型科技展馆和模拟体验环节，对车辆模型赛事有一定了解，体会赛事竞技精神；通过亲手操控车辆模型的实践环节，提升独立解决问题的能力，提高分析、搜索信息的能力。

3 高中研学活动目标

参观模型科技展馆：在讲解员的带领下以模型为载体，认识模型与玩具车之间的区别，研究海陆空模型的构造原理，认识模型锂电池的类型和充电方式。

体验模拟飞行和模拟驾驶：学会航模遥控器的操作方法，认识航模的飞行原理和飞机构造，用遥控器控制机翼飞行，同时培养探索精神；通过模拟驾驶，学会控制车辆的速度和方向。

体验亲手操控模型车辆：掌握车辆模型遥控器的使用方法，对车辆模型的内部构造进一步了解，同时锻炼耐心、细心的品质。

研学对象及其认知需求

小学一年级至高中三年级

根据不同年龄段的孩子，课程需要孩子具备一定的物理理解和应用能力、动手能力以及思考能力，在实际操作过程中还需具备沉着冷静的心态。整体的活动符合不同阶段学生的认知。

课程内容安排

半日游行程方案			
时　间	项　目	地　点	主要内容
9:20—9:30	展厅拍照留念	展馆大厅	拍照留念及展厅展品的介绍、模型知识的讲解等
9:30—9:50	模型展馆参观	模型科技展览馆	参观了解海陆空模型展馆及百年电池展区
9:50—10:30	模拟驾驶体验(车辆和飞机)	模拟体验区	进行模拟驾驶和模拟飞行
10:30—11:10	车辆模型操控	模型动力体验馆	学生亲手进行车辆模型驾驶操作，感受模型魅力
11:10—11:30	户外拓展	休闲营地	学生进行闯关活动，锻炼身心，培养合作能力

课程开展情况

课程教学人员配备：设计教学老师 1 名、研学助教 1 名、安全员 1 名、讲解员1名、现场教练员5名。

2022 年 2 月至 5 月，已开展 10 次课，共计 395人次的学生参与课程。

项目10 无人机结构工程师

基地名称

厦门集美闽台研学总部|厦门万千极美营地。

万千研学

研学主题

无人机结构工程师。

核心理念

根植积极向上的意识形态，凸显创客思维及工匠精神，融校内外主流科技课程内容，场景化教学知行合一。

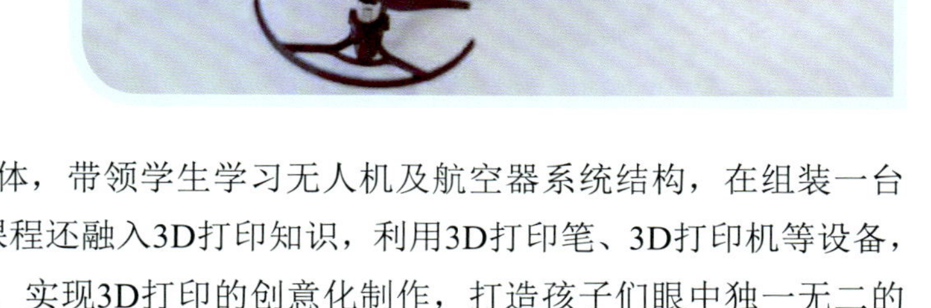

课程简介

课程将理论教学与动手实验组装结合为一体，带领学生学习无人机及航空器系统结构，在组装一台无人机、试飞体验中巩固所学的理论知识。本课程还融入3D打印知识，利用3D打印笔、3D打印机等设备，对无人机的结构部件进行升级改造及创意设计，实现3D打印的创意化制作，打造孩子们眼中独一无二的无人机，激发学生学习激情与兴趣。

课程亮点

1 意识形态教育根植其中

在研学及科普教育过程中，将我国航天航空事迹与航天精神融入教学中，激发学生的爱国精神，通过英雄事迹激励个人励志，给予学生正向引导。

2 凸显创客思维及工匠精神

教育以STEAM教育为理念，将航空器、无人机简单的设计原理融入实践及游戏中，提升学生学习兴趣，促进学生动手能力与创客精神相结合，发掘学生思维能力及创造力。

3 3D打印+无人机改造主题研学

突破套路化、流程化的教学，创客精神得以发扬，更体现万千事物皆可研学的理念。

4 年龄适宜范围更加宽泛

采用不同的主题课程体系以及适应该年龄段的教学方法及器材。

5 场景化教学，知行合一

研学课程设计更加场景化，代入感更强，更有利于学以致用，知行合一。通过场景化搭建实现无人机应用场景模拟，让孩子们懂的不仅是无人机的应用，更能明白其原理，更能打开创造创意的大门，思考无人机的前沿使用和未来发展。

课程目标

1 知识目标

学习3D打印原理、无人机结构组成及飞行原理、航空航天器基础知识，以及无人机飞行控制方法。

2 情感目标

严肃认真的学习态度，细致安全规范的动手操作流程规范。

3 能力目标

动手实践探究，锻炼动手能力、创造设计能力、精细动作控制能力，学习运用观察、比较、讨论、分类等方法进行探究。

4 思政目标

研学过程将爱国主义教育、民族英雄事迹、个人励志价值观教育等融入其中，给予学生正向引导，鼓励学生坚定理想信念，从小树立爱国报国的自信心和驱动力。

研学对象及其认知需求

小学二至六年级

课程本身对孩子学科内学习内容要求不高，甚至对学科内数学、思政、英语、美术、音乐、语文表达等大纲内容进行了适当的拓展和延伸，但要求孩子具备一定的独立思考能力。整体的活动符合小学二至六年级学生的认知规律。

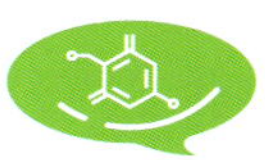

课程内容安排

时间点	活动内容	活动地点
8:30—9:00	固定翼、直升机、多旋翼等多种类型、起降方式，不同用途的无人机产品20余款，进行集中展示，展示过程中，讲解员细心讲解无人机的起降方式、应用领域及用途	极美营地 展厅加教室
9:00—10:00	理论探究，航空、航天器、飞机飞行原理、结构组成讲解	
10:00—11:30	无人机组装拼搭，形成一个结构完整的无人机，调试，调整	
11:30—13:50	午休及午餐	
13:50—15:30	3D+无人机创意设计，为无人机设计一个酷炫的外壳，加装起落架等	
15:30—17:00	无人机障碍穿越飞行练习	
17:00—17:10	活动分享，心得交流并结营	返程

课程开展情况

课程教学人员配备：根据具体人数，采用1:10至1:20的比例进行教学师资配比，同时配备1名研学导师、1名研学助教、安全员若干。

承接华瑞莱普顿初中、同安实验小学等科普活动，万千极美营地暑期无人机科普夏令营等8场次，共100余人次参与。

航空及无人机认知

基地名称

万千研学

厦门集美闽台研学总部|厦门万千极美营地。

研学主题

航空及无人机认知。

核心理念

根植积极向上的意识形态，凸显创客思维及工匠精神，融校内外主流科技课程内容，场景化教学知行合一。

课程简介

一百个孩子眼中，就有一百种飞机的样子。在纸飞机游戏中，孩子们尝试各种方法让自己的飞机飞得更远，是工程思维的建构过程。

课程首先从各种物体如何飞行和简单的航空知识科普出发引发学生兴趣，再从飞机结构让学生了解飞行器机舱、发动机、机翼等结构部件。在理论知识之后，将纸飞机活动与现实的工程设计联系起来，通过纸的折叠与变化拼搭出一台完整的飞机，增加学生对飞机结构的认识和了解。同时，课程辅以无人机飞行体验，增强课程整体趣味性。

课程亮点

1 意识形态教育根植其中

在研学及科普教育过程中，将我国科学家事迹与航天精神融入教学中，激发学生的爱国精神，通过

英雄事迹激励个人励志，给予学生正向引导。

2 凸显创客思维及工匠精神

在整个课程中，学生体会到的是科学探究与实现的过程，而不仅仅注重飞机最终飞了多远或飞了多久，我们更需要重视的是学生参与活动中，在做计划、实施、收集分析数据、展示、团队协作等各方面的能力。

3 场景化教学，知行合一

研学课程设计更加场景化，代入感更强，更有利于学以致用，知行合一。通过一次次的实验，让孩子们理解看不到的力的存在，明白纸飞机飞行的原理，更能打开创造创意的大门，思考前沿使用和未来发展。

课程目标

1 知识目标

理解空气动力学的存在，认识物理学和材料学。

2 情感目标

培养学生记录实验，通过实验求真的学习态度。

3 能力目标

动手实践探究，锻炼动手能力、创造设计能力、精细动作控制能力，学习运用观察、比较、讨论、分类等方法进行探究。

4 思政目标

研学过程将爱国主义教育、民族英雄事迹、个人励志价值观教育等融入其中，给予学生正向引导，鼓励学生坚定理想信念，从小树立爱国报国的自信心和驱动力。

研学对象及其认知需求

7至10周岁

课程与孩子学校学科内学习内容相融合，对学科内数学、思政、物理、语文表达等大纲内容进行了适当的拓展和延伸，需要孩子具备独立思考能力。整体的活动符合7至10周岁孩子的认知规律。

课程内容安排

时间点	活动内容	活动地点
8:30—9:00	固定翼、直升机、多旋翼等多种类型、起降方式，不同用途的无人机产品20余款，进行集中展示，展示过程中，讲解员细心讲解无人机的起降方式、应用领域及用途	极美营地展厅
9:00—9:30	理论探究，航空、航天器、飞机飞行原理、结构组成及无人机飞行基础知识讲解	
9:30—10:45	立体纸模型飞机制作	
10:45—11:40	无人机障碍穿越飞行练习	
11:40—11:50	活动分享，心得交流并结营	

课程开展情况

课程教学人员配备：根据具体人数，采用1:10至1:20的比例进行教学师资配比，同时配备研学导师、研学助教、安全员若干。

承接禾山社区、希望社区、公园小学、锦里小学等厦门10余个社区、学校科普活动，2018—2020年度来自省内外各地暑期研学营120余场，近5000人次参与。

基地名称

厦门集美闽台研学总部|厦门万千极美营地。

万千研学

研学主题

人工智能应急救援（无人机及机器人应急救援场景化教学）。

核心理念

根植积极向上的意识形态，凸显创客思维及工匠精神，融校内外主流科技课程内容，场景化教学知行合一。

课程简介

突发疫情、地震、泥石流等灾害，无人机及人工智能机器人，如何能够实现发现灾情并进行灾情分析？如何利用无人机和机器人，参与应急救援及物资投放？课程通过搭建场景化的灾害现场，让学生扮演指挥员、灾情分析员、物资投送员等角色，体验灾情发生时，如何做好灾情勘察、应急救援决策、应急救援等全流程的应急救援。

课程亮点

1 意识形态教育根植其中

在研学及科普教育过程中，将爱国主义教育、安全意识教育等融入其中，给予学生正向引导。

2 凸显创客思维及工匠精神

在应急救援场景化模拟体验及互动式教学中，教会孩子航空器、无人机简单的设计原理与应用，将想象力的翅膀插在孩子身上，让其自由生长，任意翱翔。

3 安全主题+无人机主题研学

突破套路化、流程化的教学，将真实情景与角色分配到学生，让学生身临其境感受，体现万千事物皆可研学的理念。

4 年龄适宜范围更加宽泛

采用不同的主题课程体系以及适应该年龄段的教学方法及器材。

5 场景化教学，知行合一

研学课程设计更加场景化，代入感更强，更有利于学以致用，知行合一。通过场景化搭建实现无人机应用场景模拟，让孩子们懂的不仅是无人机能干什么，更懂得怎么干，会应用。

课程目标

1 知识目标

无人机及航空器飞行原理、无人机飞行操控方法；应急救援全流程实现的方法探究；编程相关知识；无人机编程知识。

2 情感目标

积极向上、严谨认真的学习态度，提升对灾害的认知，树立严谨认真的学习态度。

3 能力目标

团队协作能力，组织语言及表达能力，无人机飞行控制能力，机器人操控能力，无人机编程能力，动手搭建及动手小制作制作能力，统筹、规划、协调能力。

4 思政目标

研学过程将爱国主义教育、民族英雄事迹、个人励志价值观教育等融入其中，给予学生正向引导，鼓励学生坚定理想信念，从小树立爱国报国的自信心和驱动力。

研学对象及其认知需求

9至14周岁

课程与孩子学校学科内学习内容相融合，对学科内数学、思政、英语、美术、音乐、语文表达等大纲内容进行了适当的拓展和延伸，需要孩子具备一定的独立思考能力。整体的活动符合小学 9至14周岁学生的认知规律。

课程内容安排

时间段	活动内容	活动地点
8:30—9:00	固定翼、直升机、多旋翼等多种类型、起降方式，不同用途的无人机产品20余款，进行集中展示，展示过程中，讲解员细心讲解无人机的起降方式、应用领域及用途	极美营地展厅加教室
9:00—10:00	理论探究，航空、航天器、飞机飞行原理、结构组成讲解及飞行基础知识讲解	
10:00—11:50	无人机编程控制理论及实践，无人机飞行基础练习	
11:50—13:50	午休及午餐	
13:50—16:50	应急救援场景化模拟体验及互动式教学	
16:50—17:10	活动分享，心得交流并结营	返程

课程开展情况

课程教学人员配备：根据具体人数，采用1:10至1:20的比例进行教学师资配比，同时配备研学导师 1名，研学助教 、安全员若干。

承接实验小学2021市级教学开放周活动、集美某社区青年党员党建活动、厦门某中学初中部凤凰班科普活动，合计200余人次参与。

基地名称

厦门桥梁博物馆。

厦门市高速公路建设开发有限公司

研学主题

悬索桥的秘密。

核心理念

认知桥梁科技，弘扬工匠精神，融合校内外课程。

课程简介

课程结合小学科学五年级下册“形状和结构”建桥梁课程章节相关内容，带领学生走进海沧大桥建设展示馆，让其了解桥梁世界，并通过悬索桥施工工艺视频、桥梁模型、主要结构部件展示让学生了解悬索桥的建造特点，融合建设者勇于探索、攻坚克难的故事，培养学生的探究意识、创新精神、动手能力，激发其科学兴趣，提升其科学素养。

课程亮点

1 知识汲取

近距离参观、知识问答，积累桥梁有关知识，开启自主学习之路。

2 探究实验

结合中小学科学桥梁结构实验科技小制作，模拟情境比较实验，探究不同形状、结构的桥梁及其建造技术。

3 创新实践

自主搭建桥梁模型，观察、研究、思考，在实践中，培养学生的科学兴趣、探究意识、动手能力和合作精神。

课程目标

1 知识目标

通过参观学习、知识问答等，了解海沧大桥的建设历史、科技和文化，认识桥梁的不同的形状与结构及悬索桥——海沧大桥的施工工艺。

2 情感目标

通过参观学习，感悟大桥建设的难度及建设者勇于探索、攻坚克难的精神；通过探究实验、搭建模型，体会桥梁工程建设的严谨与细致，培养科学兴趣，感悟工匠精神。

3 能力目标

通过互动问答、搭建模型等，培养合作、探究、动手能力及科学思维。

4 思政目标

在参观学习中体会中国的桥梁科技水平与精神文化内涵，体会建设者艰苦奋斗、勇于探索的精神。

研学对象及其认知需求

7至15周岁

课程需要参与者具有基本的观察、逻辑能力，有独立思考及动手操作的能力，以及主动学习的积极性。整体的活动符合7至15周岁学生的认知规律。

课程内容安排

时间段	活动环节	活动目标	活动内容	活动场地
9:00—9:10	签到		拍照合影留念	桥梁博物馆门口集合
9:10—10:00	参观学习	通过了解海沧大桥建设历史、施工过程，探秘悬索桥结构及建造工艺，体会桥梁建造的严谨、细致	1.讲解大桥构建方式、海沧大桥建造历史、技术与施工过程、海沧大桥建设有关故事等； 2.观看海沧大桥施工工艺视频，认识悬索桥的结构部件，了解海沧大桥的建造原理及施工工艺，从中体会桥梁工程建设的严谨与细致，培养科学兴趣，感悟工匠精神； 3.通过观察索塔、主缆、索夹、锚碇等部件来解密悬索桥	海沧大桥建设展示厅

续表

时间段	活动环节	活动目标	活动内容	活动场地
11:00—11:30	互动体验	在知识汲取、探究实验和创新实践中互动体验、合作学习	1.知识汲取：通过海沧大桥科技知识的探索，学习桥梁有关知识； 2.探究实验：通过比较实验，探究不同形状和结构桥梁的建造技术； 3.创新实践：通过搭建模型，认识桥梁结构，培养探究意识、动手能力和合作精神	海沧大桥建设展示厅休闲厅
11:30	活动总结与结束	分享、体会学习的成就	将自己搭建的桥梁拍照在小组进行分享，体会研学实践的乐趣	桥梁博物馆门口集合

课程开展情况

课程教学人员配备：讲解员 1 名、研学导师 1 名、助教3名。

2022 年 2 月至 5 月，已开展5 次课，共计148人次的学生参与课程。

项目 14 3D打印课程

基地名称

厦门计量

3D 打印质量评价科普基地。

研学主题

3D打印课程。

核心理念

在科普游戏、动手实践、3D打印的过程实践中让学生建立在“合作”和“情感”的基础上，打开心扉，互相交流，学会分享，了解自己，训练解决问题的思维，从而激发和培养学习兴趣。

课程简介

课程内容包括参观3D计量文物博物馆参观和“我是科普小达人”分组通关，让学生认识上下五千年的计量文化；显微镜和游标卡尺体验，测量头发有多粗，让学生学会独立思考、独立测量；焦度计体验，测量眼镜度数，让学生知道爱护眼睛的重要性；3D打印笔绘图和成形一些小模型体验。

依据中、小学学生的心理特点——当下大部分学生都是独生子女，比较自私，缺少团队合作意识，且在日常与其他学生交往中容易发生一些问题，因此本课程在于培养学生的合作意识、自我创新和动手实践能力来调整他们的心态，学会独立思考、换位思考、与他人合作，提高自身的动手实践和独立思考的能力，以此引导学生树立正确的价值观念，养成善于学习和动手实践的习惯。

课程亮点

1 注重实践

注重以实践的方式实现计量科普知识的传播，培养学生动手、动脑能力并培养学生的团结互助、勇于克服困难的能力。

2 采用高科技手段

以3D打印、ARVR、激光加工等高科技手段启迪学生掌握未知的方法实现自己的梦想。

3 科学态度渗透

实践过程贯彻精益求精的科学态度，为大国工匠精神的传承和质量精神的发扬做科普性启蒙。

课程目标

1 知识与技能

学生通过本课的学习培养团结互助能力，懂得合作的重要意义，并学会在日常生活中相互合作。

2 过程与方法

培养学生之间相互合作、交流、分享和动手实践的能力。

3 情感态度与价值观

形成乐于合作、乐于分享的意识和独立思考动手实践的能力。

研学对象及其认知需求

小学三年级至初三

课程需要孩子具备一定的学习和动手实践能力、独立思考能力与解决问题的能力，能凭借具体事物或从具体事物中获得的表象进行独立思考和动手实践以及相互合作。

课程内容安排

时　间	内　容	人　数	地　点
8:30—9:00	乘车前往厦门计量院		

续表

时　间	内　容	人　数	地　点
9:00—9:10	计量院门口集合并分组	15 ～ 30人	计量院停车场或者后滨路麦当劳的停车场
9:10—9:30	参观3D计量文物博物馆	15 ～ 30人	3D实验室
9:30—10:10	“我是科普小达人”分组通关		
	体验显微镜和游标卡尺，测量头发有多粗（20分钟）	5 ～ 6人	显微镜实验室
	体验焦度计，测量眼镜度数（20分钟）	5 ～ 6人	焦度计实验室
10:10—11:40	3D打印笔体验	15 ～ 30人	3D教室
11:40—11:50	金币兑换奖品，领证书，拍合照	15 ～ 30人	3D教室

课程开展情况

课程教学人员配备：工程师 1 名、研学志愿者助教 1 名、安全员 1 名。

2022 年 2 月至 5 月，已开展 15 次课，共计 688 人次的学生参与课程。

阅览博物篇

编者按

博物，通晓众物之谓也。《辞海》（第六版）里说，博物指“通晓许多事物”。孔子也曾告诫“多识于鸟兽草木之名”。

翻开自然科学史，无数博物学家的名字闪闪发光：从古希腊的亚里士多德、文艺复兴时期的达·芬奇、《自然史》的作者普林尼，到进化论的奠基者达尔文、华莱士，从《昆虫记》的作者法布尔，到当前最伟大的博物学家威尔逊等。

在现代教育体制下，物理、化学、生物等具体的学科取代了博物学，专家取代了博物学家。相比有清晰考试价值的一些学科，博物学好像没有什么实际的直接用途。

但博物学最大的意义，就是让孩子知道世界之大之美，从而汲取积极向上的力量，就像海洋生物学家蕾切尔·卡森说的“那些感受大地之美的人，能从中获得生命的力量，直到一生”。

同时，孩子们在博物探索过程中，亦可达至强健体魄、适应环境、提高专注力、培养独立思考能力。

博物养志，诚以为然！

模拟申奥

基地名称

厦门奥林匹克博物馆。

厦门奥林匹克博物馆

研学主题

模拟申奥。

核心理念

弘扬奥林匹克文化和精神，激发爱国主义情怀。

课程简介

课程将还原申办奥运过程，让学生代表国家和地区申报奥运会，培养中小学生的语言表达、临场应变能力以及让学生学习各国申奥文化知识，亲自体验申奥的流程。活动中，将有专业的社教老师以北京申奥为例，重点讲述奥运会申办的过程，同时让学生进行实战体验，让大家对自己未来的规划有更多的思考。

课程亮点

还原申奥现场，让孩子们成为申奥的主角，在收集资料和组织语言中加深对祖国的情怀和国家体育、经济、政治、文化的多方面了解。在活动中，学生们默契配合，精准表达，稳定发挥，在社教老师的讲解和帮助下，完成了一场场申奥答辩，为自己代表的国家和地区赢取奥运主办权。

课程目标

1 知识目标

通过授课老师的讲解，完成充分学习申奥的内涵，了解申奥的具体流程和重要时间节点。

2 情感目标

能在活动中树立自信，培养较好的心理素质与初步的控场能力；体会北京申奥时的不易，激发对奥林匹克精神的理解与拥护，更能激发浓浓的爱国主义情怀，为自己祖国的强大感到骄傲和自豪。

3 能力目标

通过实地分组讨论，实战体验，培养团队协作能力、临场应变能力及领导能力。

4 思政目标

通过参与体验模拟申奥、讲述2008年北京申奥过程，对自己未来的规划方向有着更多的思考。

研学对象及其认知需求

初中、高中年段学生

课程需要学生具备团队意识与配合的能力、临场应变能力以及领导能力，有一定的对奥运、对申奥的理解能力和知识储备能力。

课程内容安排

时间段	活动环节	活动目标	活动内容	活动场地
10:00—10:15	申奥知识授课	充分了解学习申奥内容知识点、申奥流程以及申奥过程中的重要时间节点	1.观看2008年北京奥运会和2022年北京冬奥会申奥成功视频。 2."申奥三问"：什么是申奥？申奥的具体流程是什么？申奥过程中要注意哪些内容	多媒体教室
10:15—10:20	"小小申奥官"角色扮演		推选出"评估员"（3名以上）、"国际奥委会委员"（5名以上，未发言人员可参与匿名投票）、"国际奥委会主席"（1名）	多媒体教室
10:20—11:10	现场体验模拟申奥	培养学生的领导能力以及团队协作与配合能力、临场应变能力	1.将现场学生分为4组，每组成员讨论从下方城市中挑选出属于本组的申奥城市，各小组选择城市不可重复（可供选择城市举例：北京、巴黎、伦敦、悉尼）。 2.了解所选城市体育历史、经济、文化、环境。 3.设计一个具有奥林匹克精神又含有当地特色的申奥标志。 4.组成员选择两名成员准备发言稿（从环境、文化、经济、体育等方面）进行申奥陈述发言。 5.各申奥小组发言完毕后由"评估员"进行提问，根据各申奥小组发言及问题回答情况由"国际奥委会委员"进行投票。 6."国际奥委会主席"宣布票数	多媒体教室
11:15—11:25	课后反馈		填写研学手册	多媒体教室
11:25—11:30	返程			

课程开展情况

课程教学人员配备：研学导师1名、安全员1名、辅助人员1名。

2019年7月至2022年2月，共计约800人次的学生参与课程。

项目 2 珐琅寻踪

基地名称

故宫鼓浪屿外国文物馆。

故宫鼓浪屿外国文物馆

研学主题

珐琅寻踪。

核心理念

传播故宫文化，了解珐琅工艺，塑造工匠精神。

课程简介

无论是清代的画珐琅还是日本的七宝烧，无不体现了制作工艺之精巧。本课程以我馆展出的各类珐琅器为主题，旨在让学生通过学习珐琅种类、珐琅制作工艺，结合原创掐丝珐琅画动手体验，让学生在领略文物之美的同时有所学习、有效创造，对珐琅有更深入的了解和学习。

课程亮点

1 趣味课程讲述

以比较等手法将故宫传统文化知识以学生们易于接受的语言表达传授给学生，增加语言的趣味性，如将珐琅与生活中的搪瓷制品对比，以珐琅奶茶杯等工艺品与现代奶茶杯对比，让受众更能理解接受。

2 多样形式互动

将课堂知识学习与趣味互动游戏相结合，通过实物参观、知识问答、完成任务卡等互动环节，寓教于乐，让学生在轻松快乐的互动氛围里学习到传统文化知识及珐琅工艺品的精美。

3 手工创意制作

参观展品、了解珐琅基础知识后，学生根据老师的讲解发挥想象，动手创作珐琅作品，提高团队协作意识，培养动手实践能力。

课程目标

1 知识目标

通过参观珐琅文物，学习区分4种主流珐琅工艺，辨别日本珐琅器、中国珐琅器、欧洲珐琅器之间的异同，完成对珐琅基本知识的学习。

2 情感目标

了解文物知识，培养文物保护意识；学习故宫传统文化知识，能够自觉弘扬中华优秀传统文化，树立文化自信。

3 能力目标

通过问答、游戏互动、手工DIY等方式，培养思考能力，提高团队协作意识，发展设计和制作的能力；在学习掐丝珐琅器制作工艺的基础上，学做掐丝珐琅画；通过动手体验掐线、填色等步骤，加深对珐琅工艺的了解，获得审美熏陶。

4 思政目标

学习珐琅相关的知识，提高鉴赏能力，了解中国传统文化，同时体悟中西文化交流合作的重要意义，养成善于学习的好习惯，树立开放包容的意识。

研学对象及其认知需求

小学一年级至中学

因课程内容、手工制作材料包已分级设置，故课程难易程以及掐丝珐琅作品制作难度可根据研学对象而变更，课程可满足小学一年级至中学学生的体验。课程参与者需掌握基本的逻辑能力、独立思考能力，有意愿主动学习思考，无畏难情绪。

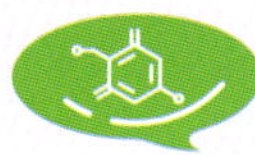

课程内容安排

时间段	活动环节	活动目标	活动内容	活动场地
9:30—10:00	专题参观	带着任务参观故宫博物院藏外国文物展，了解珐琅器	在讲解员的带领下，通过观察、听讲解，重点参观和欣赏我馆常设展中的珐琅器，对七宝烧和画珐琅等珐琅器有基本了解，完成探索手册上的问题	故宫鼓浪屿外国文物馆常设展展厅

续表

时间段	活动环节	活动目标	活动内容	活动场地
10:00—10:30	人文课堂	从各个维度了解珐琅工艺	学生结束参观后，结合PPT演示，在老师的带领下学习珐琅的种类和基本的制作工艺，拓宽和丰富自身的知识构架	故宫鼓浪屿外国文物馆之序厅
10:30—11:30	创意工坊	用开放性问题，引发学生思考，并通过原理讲解，给予学生启示，思考问题的解决方案，最后进行探究与实践	学生在老师的带领下，复习掐丝珐琅器的制作工艺，并学做掐丝珐琅画（中学以下需家长在旁辅助孩子动手体验完成）	故宫鼓浪屿外国文物馆之序厅

课程开展情况

课程教学人员配备：教师1名，讲解员1名，志愿者2名，安全员数名。
2021 年 1 月至今，已开展 16 次课，共计约500人次的学生参与课程。

项目3 皇宫屋顶上的“三有”

基地名称

故宫鼓浪屿外国文物馆。

官方公众号（官网）
故宫鼓浪屿外国文物馆

研学主题

皇宫屋顶上的“三有”。

核心理念

学习传统文化知识，培养动手能力。

课程简介

课程以故宫传统文化中的建筑文化为主题，学生通过了解紫禁城宫殿建筑的特点，一起学习如何通过屋顶区分等级，了解屋顶上的琉璃构件——正吻，认识屋顶上特别的小神兽，最后根据学习到的知识进行趣味互动游戏和创意DIY。

课程亮点

1 趣味课程讲述

以比喻、拟人等手法将故宫传统文化知识以学生们易于接受的语言表达传授给学生，增加语言的趣味性，如将宫殿不同等级的屋顶比喻成定制的“大帽子”，将屋脊上的十只脊兽化为卡通形象并建立角色档案等。

2 多样形式互动

将课堂知识学习与趣味互动游戏相结合，通过知识问答、脊兽角色扮演、“脊兽蹲蹲蹲”小游戏等互动环节，寓教于乐，让学生在轻松快乐的互动氛围里学习到传统文化知识。

3 手工创意制作

了解屋顶等级和脊兽的相关知识后，学生根据老师的讲解发挥想象，动手创作专属宫殿，提高团队协作意识，培养动手实践能力。

课程目标

1 知识目标

通过仔细观察文物上的屋顶和动物元素及建筑屋脊变化，学习传统文化中屋顶上“有礼”的艺术、屋脊上的琉璃构件“正吻”以及10只脊兽的特征和寓意，完成紫禁城宫殿屋顶知识的学习

2 情感目标

学习故宫传统文化知识，增长见识；在课堂互动游戏环节，形成相互交流、相互促进的学习氛围，激发对传统文化学习的兴趣，培养团队协作精神。

3 能力目标

通过问答、游戏互动、手工DIY等方式，培养思考能力，提高团队协作意识，发展设计和制作的能力。

4 思政目标

学习中国建筑屋顶的知识，了解中国传统文化，继承和弘扬中华优秀传统文化，培养文化自觉、树立文化自信。

研学对象及其认知需求

小学二至六年级

课程需要孩子具备一定的独立思考能力、解决问题的能力、团队协作能力和动手能力。整体的活动符合小学二至六年级学生的认知规律。

课程内容安排

时间段	活动环节	活动目标	活动内容	活动场地
9:30—9:40	签到			序厅
9:40—10:00	主题参观	观察文物上的建筑、动物元素，初步认识建筑屋顶的样式	1.参观海国微澜——故宫院藏外国文物展； 2.听讲解员重点讲述12件与课程主题相关的文物	序厅

续表

时间段	活动环节	活动目标	活动内容	活动场地
10:00—10:40	人文课堂	用开放性问题，引发学生思考，并通过原理讲解，给予学生启示，思考问题的解决方案，最后进行探究与实践	1.观察宫殿不同的屋顶样式，了解宫殿定制的“大帽子”，学习建筑屋顶文化知识； 2.认识触摸云天的吞脊兽“正吻”； 3.认识10只脊兽的特征和寓意并参与脊兽角色扮演	序厅
10:40—11:30	创意工坊	学生发挥想象，动手创作专属宫殿，提高团队协作意识，培养动手实践能力	1.学生DIY一座专属宫殿； 2.认识榫卯结构拼接	序厅

课程开展情况

课程教学人员配备：教师1名、讲解员1名、志愿者2名、安全员数名。
2022年5月升级至今，已开展2次课，共计约90人次的学生参与课程。

项目4 “奇妙人体”系列课程：人体探险队

基地名称

厦门科技馆。

厦门科技馆
研学基地

研学主题

“奇妙人体”系列课程：人体探险队。

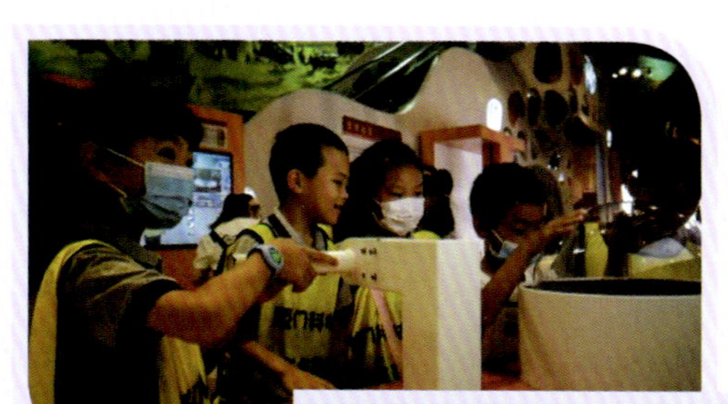

核心理念

揭开人体奥秘，培养探究精神，守护生命健康。

课程简介

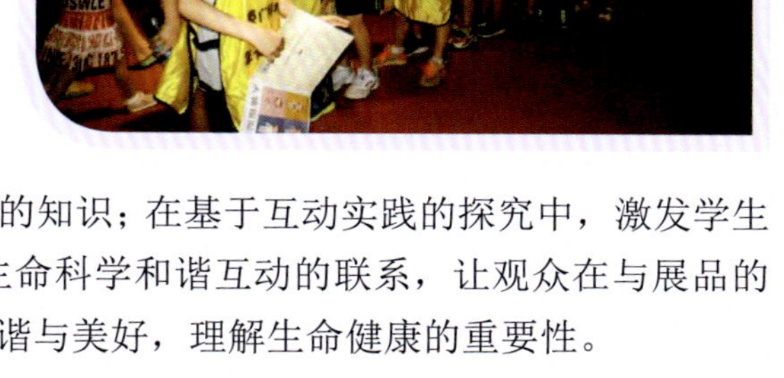

本次的研学课程结合小学科学四年级身体的结构和六年级科学锻炼身体等相关内容，在基于展品的体验中，以直接经验的形式让学生收获到关于人体、生命以及身体健康的知识；在基于互动实践的探究中，激发学生兴趣，让其体会观察和实验的科学精神。本课程建立人与生命科学和谐互动的联系，让观众在与展品的互动体验中，学到更多关于人体科学的知识，体验生命的和谐与美好，理解生命健康的重要性。

课程亮点

1 教学环境开放

充分利用科技馆开放式的教学环境，依托科技馆展品和实验材料，让学生更直观地了解抽象的概念；将科学知识融于有趣的探险故事、互动游戏之中，激发孩子的探索热情。

2 场景丰富

创设具有情感色彩的、生动具体的场景，理解科学内容的同时学会共情，使参与者的心理机能得到发展。

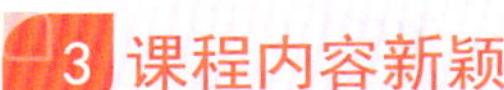

3 课程内容新颖

将体能教育融入课程中，通过运动竞技类体验，提高体能水平，倡导健康生活方式的理念。

课程目标

1 知识目标

从“生命的繁衍”“身体构造和功能”“人体的生理活动”“提高身体素质”4个维度深入了解生命起源、人体的主要生命活动和人体健康所需的条件；对生物、科技、人体、自然知识初步了解。

2 情感目标

在探索的过程中，能够激发对人体的结构、功能、变化及人与社会环境之间的相互关系进行科学探究的兴趣，进一步培养实事求是、追求创新、合作分享的科学态度。

3 能力目标

通过自主探究获取科学知识，学习利用多种方法寻找证据、运用创造性思维和逻辑推理解决问题，并通过评价与交流等方式达成共识。

4 思政目标

了解关于生命健康的知识如何正确运用于生活；热爱自然，珍爱生命，具有社会责任感。

研学对象及其认知需求

小学三至六年级

课程需要孩子具备一定的数学理解和应用能力、独立思考能力、解决问题的能力，能凭借具体事物或从具体事物中获得的表象进行逻辑思维和群集运算。整体的活动符合小学三至六年级学生的认知规律。

课程内容安排

时间段	活动环节	活动目标	活动内容	活动场地
9:00—9:10	签到		破冰活动：自我介绍	科技馆序厅
9:10—10:00	致敬林巧稚，感恩孕育生命的摇篮	结合“卵子变形记”“遗传特性”等展品认识人类生命的起源与延续，通过观察胎儿到婴儿的生长过程，理解“生命繁衍”的概念，通过角色扮演体会怀孕的艰辛	1.参观体验和谐馆的“特别的你”板块，认识人类生命的起源与延续，了解人类的遗传与变异，领会多样性对于自然以及人类社会的重要意义。 2.通过观察胎儿到婴儿的生长过程，理解“生命繁衍”的概念。 3.通过角色扮演，模拟母亲的怀孕过程、孕产相关救护场景、婴儿照顾，体会共情，感恩母亲的养育	和谐馆特别的你区域

续表

时间段	活动环节	活动目标	活动内容	活动场地
10:00—11:30	解开达·芬奇密码之人体构造大揭秘	了解人体的五脏六腑、骨骼与肌肉，从人体的构造和功能两个维度展现人体各种器官及组织，量身定制出属于自己的“身体使用手册”	1.通过展品“人体骨架组装”开展“识骨寻踪”任务导向学习，辨别人与其他动物骨骼的区别。 2.结合展品“肌肉与骨骼扫描”定制专属肌肉扫描图，了解肌肉的功能与分布。 3.结合展品“跳动的心脏”探索生命的动力之源，了解心脏的泵血功能	和谐馆健康的你区域
11:30—13:00	用餐午休			序厅
13:00—14:30	大宋提刑官之食物去哪儿了	通过扮演侦探进行互动闯关，以“草莓蛋糕小姐失踪案”为线索，结合“拔牙小游戏”“保护黏膜”等互动游戏，结合剧情游戏和动手实验了解人体吸收营养的过程	1.通过展品“消化道之旅”完成探究任务，从微观层面掌握消化器官的结构与功能。 2.通过展品“食物消化工厂”，寻找隐藏在身体里辛勤劳作的“工人”们，在宏观层面进一步掌握各个消化器官在消化之旅中发挥的特殊作用。 3.进行与食物相关的一系列化学实验，如蛋白质与双缩脲试剂、淀粉与碘液的反应，探究食物中不同营养物质的化学性质	消化道之旅、活动教室
13:00—14:30	身体素质测试之人体机能大挑战	通过体验和谐馆的“活力的你”展区，测试自身身体素质指标，了解人体在各种环境中所具备的多重能力	1.测试自身机能水平，记录自身握力、柔韧性、反应力等数据。 2.学习科学的锻炼方式，增强自我保护意识与健康生活意识。 3.了解成为运动员的基本要求，感受体育精神	和谐馆活力的你区域
14:30—15:30	成果复盘	对研学过程进行总结复盘，总结解决问题的过程与方法	1.评价准备：学生两人一组，回顾探究过程，一起总结出健康的生活习惯，共同准备汇报的内容。 2.评价：创意达人展示——通过汇报、表演、绘画等形式展示自己的课程总结	磁电大舞台

课程开展情况

课程教学人员配备：设计师1名、研学导师1名、研学助教1名、安全员1名。
至今已开展18次课程，共计390人次的学生参与课程。

项目 5 风婆婆的好脾气和坏脾气

基地名称

厦门市青少年天文气象馆（天语舟）。

厦门市青少年气象天文科普基地

研学主题

风婆婆的好脾气和坏脾气。

核心理念

面向所有人的通识教育，GBL（游戏式学习）+PBL（项目式学习）。

课程简介

课程基于培养孩子的科学素养和科学精神的目的，结合小学科学课“风的成因”相关章节内容，坚持理性思维、批判质疑的核心素养导向，以“风”这一常见自然现象为媒介，从激发孩子的好奇心入手，层层递进、多学科融合，从而达至建构和培养学生的科学精神和科学素养的目标。

课程亮点

1 跨学科科学教学

践行GBL（game-based learning，游戏式学习）和PBL（project-based learning，项目式学习）理念，注重跨学科知识交叉融合，通过发现和解决实际问题来达到知识和能力的建构，提升学生的自主学习能力。

2 启发促进学习主体积极思考

从认识方式的角度观察和关注学生对科学概念的深层次理解，而不是获得对事实性知识的记忆，让学生成为真正的学习者——把思考的权利交给学生，让学生积极地对自我经验进行组织、发展、批判和论证。

3 开发运用真实情境测评任务

基于概念理解考查学生是否能在真实情境中运用所学科学知识分析问题、解决问题，并对生活中常见的自然现象做出合理解释。

课程目标

1 知识目标

能用对比实验的方法，通过观察、分析实验现象，归纳风形成的原因，并了解“风”这一自然现象对我们生活影响的利与弊。

2 情感目标

通过观察和研究现实生活中的自然现象，学生学会像科学家一样思考问题——强调证据，强调逻辑，不迷信权威，知道什么是可信的，了解科学是如何致知的。

3 能力目标

通过相关气象科学小实验，注重引导学生动手与动脑相结合，增强学生问题意识，培养他们的创新精神和实践能力。

4 思政目标

勇于探究、理性思维、崇尚真知，能运用科学的思维方式认识事物、解决问题、规范行为，有实证意识和严谨的求知态度，树立在真理面前人人平等的意识。

研学对象及其认知需求

小学三至六年级

课程需要参与者掌握基本的逻辑能力，有独立思考的能力，有一定的动手能力及主动学习的能力。整体的活动符合小学三至六年级学生的认知规律。

课程内容安排

时间段	活动环节	活动目标	活动内容	活动场地
8:00—8:30	前置课程		有关“风”的《科学素养测评》	学校教室
8:30—9:20	途中互动	以《研学手册》为蓝本，共同探讨什么是科学精神以及科学探究的要义是什么	1.“风中谜案”——我是大侦探。 2.“风言风语”——风在中西方语言里的趣闻轶事。 3. 以“风”为令字的古诗词飞花令比赛	大巴车上

续表

时间段	活动环节	活动目标	活动内容	活动场地
9:20—9:35	热身小游戏	身体能量唤醒	《抓人终极版》《耶！》	气象广场
9:35—10:10	科学实验1：制造微风	利用冰块和热沙，创造一个微型的气压场，探究风的形成机制，让孩子认识到：因果律是科学分析方法最重要的逻辑工具	实验分析： 1.预测你期待发现的气温与气压之间的关系。 2.除了温度还有其他什么因素有可能影响气压呢？请解释。 3.预测实验中的风向，并解释空气为何是从高压地带吹向低压地带的？ 4.司机常常在冬季给轮胎加气，以保持适中的胎压。这一事实与实验有怎样的联系呢	气象实验室
10:10—11:00	参观台风科技馆	沉浸式体验认知台风的起因、发展和危害	1.台风实景模拟体验。 2.台风那么恐怖，为什么名字那么萌？ 3.什么是多普勒雷达？什么又是双偏振雷达？ 4.电视天气预报“抠像”技术	台风科技馆
11:00—11:35	科学实验2：风暴潮来袭	用一碗水，制造一个微型低压系统，了解风暴潮的成因及危害	实验分析： 1.低气压为什么会引发狂风巨浪？ 2.风暴潮恰巧遇上天文大潮，会发生什么？ 3.风暴潮灾害轻重，除受风暴增水的大小和天文大潮高潮位的制约外，还受哪些因素影响	气象实验室
11:35—12:35	午餐、午休		学生自带午餐或配送营养餐	指定位置
12:35—13:10	科学实验3：制作风向标	制作简易风向标，观察风向的变化，认识现实生活中风向的意义	实验分析： 1.用你的简易风向标测量一下今天的风向，再和天气预报对照一下，看看有没有误差。 2.如果有误差，可能的原因是什么？ 3.你认为有必要测量风向吗？ 4.简要分析一下风向对我们生活的影响	气象实验室
13:10—14:00	设计实验	培养学生自己动手做实验、搜索证据、观察、提问、设想和验证的能力	《西游记》中“孙悟空三借芭蕉扇”的故事小朋友们应该都很熟悉，但孙悟空借来芭蕉扇灭火貌似有违生活常识(通常都是“风助火威”)，那么是孙悟空不懂科学原理吗？按照科学探究的一般方法，你能否设计一个小实验来验证一下	气象实验室
14:00—14:30	分享反思	让每个孩子分享研学的收获和感想	透过45款独特设计的图形卡，让学生做更有系统的分享和检讨	会议室
14:30	乘车返校	透过真实情境测评任务，形成成长性评价	途中再次完成《科学素养测评》，看学生是否学会了“像科学家一样思考”	大巴车上

课程开展情况

课程教学人员配备：每个班级配备研学导师1名。

2021年10月至2022年6月，已开展3次课。共计60人次的学生参与课程。

项目6 “小宝当家”生命安全系列课程：防灾牢记心 安全伴我行

基地名称

诚毅科技探索中心。

诚毅科技探索中心

研学主题

“小宝当家”生命安全系列课程：防灾牢记心 安全伴我行。

核心理念

体适能锻炼，防震减灾科技，包扎技巧，心肺复苏实操。

课程简介

诚毅科技探索中心“小宝当家”生命安全系列课程，下设“防灾牢记心 安全伴我行”“珍爱生命防患未‘燃’”“救援先锋”“安全‘童’行”交通安全、海姆立克急救法、心肺复苏及创伤处置等实训课程，以下将以“防灾牢记心 安全伴我行”课程为例进行分析。

我国是世界上自然灾害最为严重的国家之一，灾害种类多，分布地域广，发生频率高，造成损失重。地震灾害是我国最频繁出现的自然灾害之一，并且具有巨大的破坏性。厦门地处太平洋板块和亚欧板块交界的边缘地带，板块运动十分频繁，时常会感受到大地的震动。

课程将带领学生走进厦门市防震减灾科普教育基地（诚毅科技探索中心），进一步学习地震的成因和类型，在实践中了解并掌握必要的防震减灾知识，掌握危急情况下一些简单有效的自救方法，从而保护自己减少伤害。同时通过模拟救援队的救援技术训练，学生从能力上提高自身的安全防护、应急处突、风险管控、体适能、组织协同等多项能力，从意识上增强自身的互助、团队、社会责任、逆商、竞技意识，让安全伴随自身茁壮成长。

课程亮点

1 真实问题的解决

创设现实中遇到的问题——“在城市生活中，遇到地震怎么办”，通过实景模拟，掌握危急情况下一些简单有效的自救技能。

2 训练实践能力

通过观察判断、语言组织寻求帮助、紧急胸外按压和呼气急救等一系列步骤，锻炼自身面对问题时的分析能力及独立思考能力。

3 厦门防震减灾科普教育基地

从视觉、听觉、体感和实训探索等多重方式，让学生认识地震，感受地震，了解防灾减灾科技，学习地震应对技能。

课程目标

1 知识目标

认知外伤和心肺复苏的处理原则和正确处理方法，掌握包扎及心肺复苏的操作步骤。

2 能力目标

通过探究、实操等方式，综合运用多学科知识进行自救互救，培养自救互助思维，掌握基本的安全急救能力。

3 态度目标

了解并掌握必要的防震减灾知识，掌握危急情况下一些简单有效的自救行为，从而保护自己减少伤害，树立构筑生命安全防线意识。

研学对象及其认知需求

小学一至六年级

课程面向小学年龄段学生，要求学生具备一定的自我保护能力、独立思考能力、解决问题的能力、身体协调能力，能基于事物的整体结构，从事物的结构、功能、变化及相互关系等角度提出可探究的科学问题和假设。整体的活动符合小学一至六年级学生的认知规律。

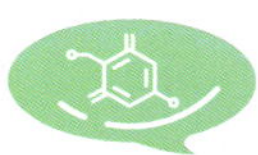

课程内容安排

时　间	活动安排
9:30	诚毅科技探索中心集合、签到
9:30—11:00	走进“厦门防震减灾科普教育基地”，在此可以沉浸式感受地震，全面学习应急避险知识和技能，了解防灾减灾前沿科技
11:00—11:30	体验趣味“奇妙球世界”
11:30—13:00	主题餐厅用餐
13:00—14:00	“防灾牢记心 安全伴我行”知识讲座：引导学生学习生命安全教育，帮助青少年树立和强化安全意识，尊重和珍爱生命。设有红十字急救、交通、家庭及社会模块，每个模块会结合生活中的相关实例进行体验式教学，让学生具备基本的安全素养和能力，提升安全防范意识，掌握安全保障技能
14:00—15:30	“关爱生命 守护健康”实训课程：学习在低能见度下如何安全逃生；完成创伤处置，掌握对于环境安全的评估、伤情评估，在救援到达前确保自身安全的情况下具备对伤口进行清理、止血、包扎的能力，避免伤害继续恶化；准备对受伤人员进行应急转移的担架并完成对受伤模拟人的转移
15:30	活动结束

课程开展情况

课程教学人员配备：设计师1名、研学导师1名、研学助教2名、安全员1名。

2021年1月至2022年6月，已开展37次课，共计3250人次学生参与课程。

项目 7 “学八·二三炮战历史 悟英雄三岛精神”红色爱国教育军旅体验

基地名称

英雄三岛战地观光园。

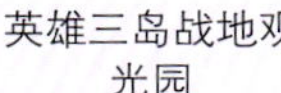

英雄三岛战地观光园

研学主题

“学八·二三炮战历史 悟英雄三岛精神”红色爱国教育军旅体验。

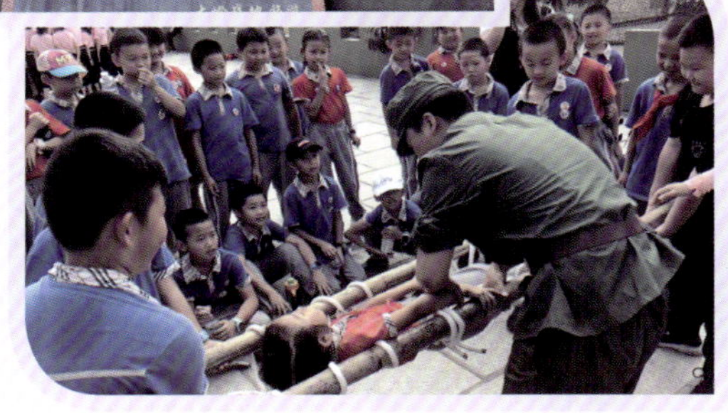

核心理念

感悟“英雄三岛精神”。

课程简介

课程充分利用战地观光园展陈资源与场地，围绕爱国主义、国防军事教育开设配套活动。通过“红色文化学习”与“战地军旅体验”两大模块，将理论与实操相结合，丰富研学活动的参与性与趣味性，培养学生自主学习、团结协作的能力，引导学生学习和体会“英雄三岛精神”。

课程亮点

1 触摸历史实物

英雄三岛战地观光园坐落在省级文物保护单位——大嶝海峡之声前线广播电台旧址之上，园区展陈的世界最大军事广播喇叭、歼六战斗机、85加农炮等均为重型退役军事武器，同时园区围绕“八·二三”炮战配备了多主题展馆，实物展示，内容丰富，让学生亲临炮战现场，全方位了解“八·二三”历史，感悟“英雄三岛精神”，培养自主学习能力。

2 沉浸式军旅体验

59式57高炮操炮，火炮保养，火炮区分，实物在眼前，让学生在实践中感悟真知。

3 团队活动丰富多彩

园区占地面积约8万平方米，室内外展馆展品合理布局，场地开阔，能满足学生多样化团队活动的开展。

课程目标

1 知识目标

全面了解“八•二三”炮战历史，熟悉“八•二三”炮战英雄，了解其英勇事迹，同时能够认识并简单区分园区展陈的重型武器，了解火炮的简单操作与日常养护。

2 能力目标

通过自主学习，完成研学手册，能够在教官的指导下，通过团队协作的方式操作园内59式57高炮，完成炮架搭建、帐篷搭建等竞赛项目，培养团队协作能力与集体主义精神。

3 思政目标

通过红色历史的学习，激发爱国主义热情，培育民族自信心与自豪感，传承和弘扬“英雄三岛精神”。

研学对象及其认知需求

课程面向全体中小学生，具体执行区分高年级（小学五至六年级及初中）及低年级（小学一至四年级），高年级要求学生有良好的自主学习能力，能按照研学手册要求独立发现问题、解决问题，有较高的团队协作能力。低年级要求学生会倾听、会模仿，有良好的记忆能力，富有创造力。

课程内容安排

时　间	低年级（一至四年级）	高年级（五至六年级及初中）	活动目的
9:00—10:00	园区集结，开营仪式（可选择学校大集合）		引导学生尽快融入课程，听从指挥，注意安全
10:00—11:45	红色文化学习：其内容包含参观英雄三岛精神主题馆、“八•二三”炮阵地旧址、世界最大军事广播喇叭、英雄三岛民兵事迹馆、老照片老物件展馆、红色记忆典藏馆、前线播音史迹展、军事武器陈列场、战地迷宫等		全面了解课程背景，通过园区展馆、实物参观，完成研学任务，熟悉“八• 二三”炮战历史
11:45—13:00	午餐休息（在教练的组织下统一午餐）		
13:00—14:00	战地军旅体验：战地大脚丫、千足虫、手榴弹炸碉堡、举枪射击（真人对射）。 备选：旗语、匍匐前进	战地军旅体验：操炮练习、搭板过桥、射箭竞技、战地救护、海漂攻心战、手榴弹投掷、举枪射击（真人对射）。 备选：旗语、匍匐前进	以竞赛的形式，通过趣味活动，引导学生积极尝试，掌握初级的军事技能

续表

时　间	低年级（一至四年级）	高年级（五至六年级及初中）	活动目的
14:30—15:00	创意作画：两岸人民一家亲（以园区植物为作画主要材料）	万炮齐发：搭建炮架（配备竹竿、麻绳等工具）	引导学生发挥创造力与团队协作力，完成集体项目
15:00—15:30	分享总结、颁奖合影		复盘活动，奖优评先，做好总结
15:30以后	在教练的带领下，有序返程		

课程开展情况

课程教学人员配备：依照学生团队数量进行人员配备，一般一个年级配备1名总教官、1名安全员，每个班级配备1名执行教官、1名随班教师。

2021年全年已开展131次课，共计3.78万人次的学生参与课程。

项目 8 小小眼科医生职业体验

基地名称

科宏眼科医院科普教育基地。

厦门科宏眼科医院

研学主题

小小眼科医生职业体验。

核心理念

学习眼保健知识，体验眼科医生职业，融合游戏玩中学，进行亲子互动。

课程简介

“小小眼科医生职业体验”是希望孩子从眼科医生角度学习到眼保健的知识。课程不仅让孩子学习到保护眼睛、预防近视的知识，更清晰地明白视力的重要性，也让许多家长走出了护眼误区，了解了眼球的发展概况、近视的主要原因、如何预防和控制近视，并且纠正了一些常见的错误观念。

课程亮点

1 让孩子实操检查仪器

平时孩子对于看医生都会感到害怕，我们让孩子自己实操相关检查设备，让他们了解检查过程，对于眼睛能有更深刻的认识。

2 小小眼科医生袍

课程开始前我们会发放医生袍给孩子穿，增加孩子的参与感。

3 玩中学

从简单的游戏中让孩子能快速认知眼睛的重要性。

4 亲子互动

游戏设计结合家长，让孩子跟家长一起互动。在整个课程中，不止孩子学习到眼科相关知识，家长也能避开误区，纠正对于眼睛的错误观念。

课程目标

1 知识目标

通过医生讲课了解眼睛及近视相关知识。

2 情感目标

了解眼睛对于人的重要性，从而知道保护眼睛。

3 能力目标

通过讲解、游戏互动等方式，培养学生对于眼睛及眼病的思考，学习如何爱护自己及家人的眼睛。

4 思政目标

通过眼睛结构的基本知识，进而了解近视发生的可能因素，从而对于近视防控有进一步认知。

研学对象及其认知需求

小学一至六年级

课程主要体现眼科医生的职业日常及眼科相关科普，需要孩子能有基本认知，能沟通互动。

课程内容安排

时　间	事　项	具体内容
9:30—10:00	签到	现场签到，发放小小眼科医生袍
10:00—10:30	爱眼护眼知识讲座	医院简介，由视光讲师为现场小朋友宣讲爱眼护眼讲座
10:30—11:00	快乐体验活动	游戏环节体验眼睛重要性；验光仪+查视力体验
11:00—11:20	尾声	颁发证书；小医生大家庭合影；发放体检券

课程开展情况

课程教学人员配备：讲课医师1名、助教3名。

2022年2月至6月，已开展3次课，共计120 人次的学生参与课程。

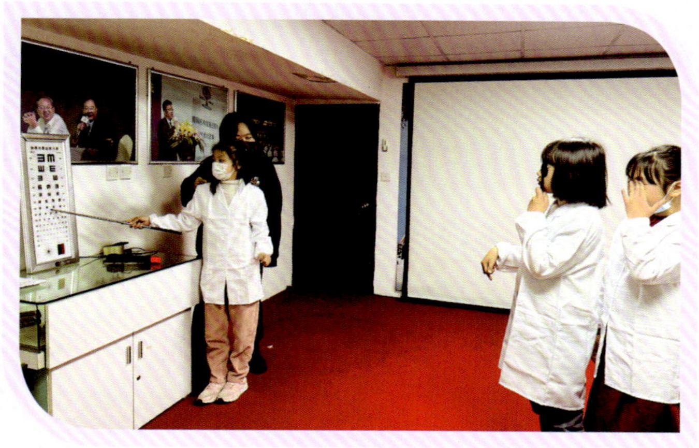

厦门大学化学化工学院校园开放日

基地名称

厦门大学固体表面物理化学国家重点实验室（厦门大学化学化工学院科普教育基地）。

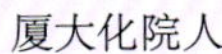
厦大化院人

研学主题

厦门大学化学化工学院校园开放日。

核心理念

传播科学知识，感受科学精神，提高科学素养。

课程简介

课程介绍厦门大学与化学化工学院的百年发展历程，包括多位科学家精神宣传、学科建设、人才队伍、学生培养、科学研究、国际交流等，并安排大型仪器实验室参观、与科研人员面对面、科普讲座以及动手实验等互动活动。

课程亮点

1 与优秀科研工作者面对面

参观化学化工学院科学家精神宣传基地，学习感受科学家们爱国、创新、求实、奉献、协同、育人的宝贵精神。带领学生们走进科研第一线，切身体会科研工作的非凡魅力。针对学生们未来职业规划中遇到的问题答疑解惑，为大学生活及今后的职业发展积蓄力量。

2 与大型科研仪器面对面

参观固体表面物理化学国家重点实验室、分析测试中心及实验示范中心大型仪器设备，感受先进仪器设备在科研与教学工作中的重要作用。

3 互动实验

化身“小小科学家”，在做好实验室安全教育的基础上，针对不同年龄段的学生设计不同难易程度的趣味实验，从中让学生领略和发现“化学之美”。

课程目标

1 知识目标

通过趣味化学实验，了解反应原理，感受化学独特魅力；通过参观高科技的仪器设备，了解大型仪器在科研与教学工作中的重要作用。

2 能力目标

通过参与科普实验，锻炼动手能力，体验化学实验的乐趣，学习生活中的化学知识。

3 情感目标

通过实地参观科学家精神教育基地，学习和感受科学家爱国、创新、求实、奉献、协同、育人的宝贵精神；通过与优秀科研工作者零距离交流面对面，切身体会科研工作的非凡魅力。

4 思政目标

为公众提供优质科普资源，积极宣传科学家们的宝贵精神，展现化学学科的魅力与风采；激发青少年对科学探究的兴趣，提高青少年科技创新意识和科学实践能力。厦门大学化学化工学院科普教育基地与固体表面物理化学国家重点实验室完善的教学实验平台和高端的科学仪器为中小学生开展研学实践和科普宣传教育活动提供重要保障。依托雄厚的学科基础、科研条件和教授队伍开展校园开放日活动，形成爱科学、学科学、用科学的良好氛围，拉近前沿尖端科学与科普对象之间的距离，使其认识到科学就在身边。

研学对象及其认知需求

来访的中小学生根据年级的不同，安排不同的实验内容。科研人员的讲座内容也可根据听众的年龄层次而做调整。研学课程要求参与者有独立思考、独立动手做实验的能力。

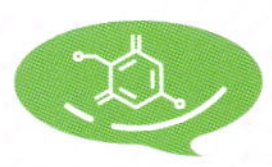

课程内容安排

课程内容涵盖参观大型仪器实验室，了解前沿科学研究测试设备；按照学生年级层次，安排动手实验；与科研人员面对面，包括无机化学、有机化学、电化学等不同主题的科普讲座。

时　间	活动安排	活动地点
9:00	厦门大学化学化工学院集合	厦门大学卢嘉锡楼门口
9:00—9:30	讲解厦门大学化学化工学院发展历史	厦门大学化学楼大厅
9:30—11:00	参观化学化工学院国重实验室、动手小实验	国重实验室
11:00—12:00	与科研人员面对面，近距离感受真实的科研过程	厦门大学化学报告厅
12:00	活动结束	厦门大学校门口

课程开展情况

课程教学人员配备：专职科普人员 2 名、实验导师 10 名、研学志愿者若干。
2022 年 5 月以来，已开展 5 次活动。

厦门科普教育研学线路推荐

线路1 “日月安属 风云何起”天文气象1日研学

线路类型

天文气象探索。

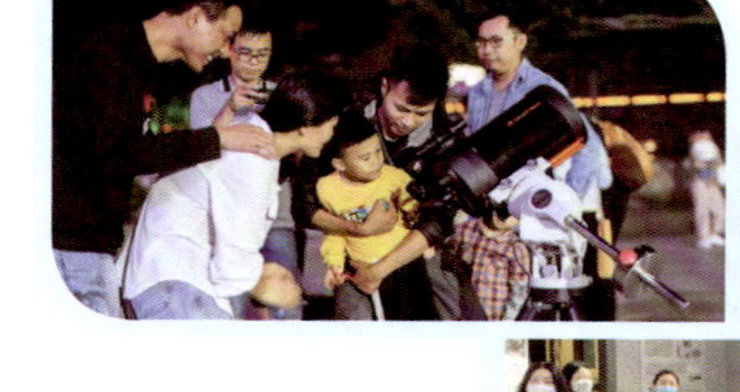

串联单位

天语舟气象科技园、厦门市青少年天文气象馆。

推荐理由

每当我们抬头仰望星空时，总有着近乎本能的好奇——那日月星辰的运转是谁在操控？风云变幻又是怎样的气象万千？

带着这份好奇心，走进厦门市青少年气象天文科普基地，从对现实生活中的自然现象观察和研究，让学生学会像科学家一样思考问题——强调证据，强调逻辑，不迷信权威，知道什么是可信的，了解科学是如何致知的。

参考行程

上午：走进【天语舟气象科技园】

开展“风婆婆的好脾气和坏脾气”主题研学活动，学生通过观察、分析实验现象，归纳风形成的原因，并了解“风”这一自然现象对我们生活影响的利与弊。

下午：前往狐尾山【厦门市青少年天文气象馆】（约20分钟车程）

通过天文气象馆大量的科普资源，让参与学生学习到行星和恒星的区别，了解我们所在的太阳系，认识八大行星、八大行星与太阳系的关系。

温馨提示

团队参观需要预约；户外观测视天气实际情况进行。

2 “传工匠精神 做匠心少年”诚毅科技探索中心+优必学机器人基地1日研学

线路类型

工程技术类。

串联单位

诚毅科技探索中心、优必学人工智能机器人科普研学基地。

推荐理由

科学技术是传统文化的守护者，传统文化是科学技术的助推器。该路线以工业制造研学为主线，以中国传统木艺为载体，与现代人工智能机器人相融合，引导学生从实践中体会手工业时代到智能时代的转变，感受科技与传统的碰撞。

诚毅科技探索中心是厦门市中小学生劳动教育实践基地，让学生在智造工坊中感受匠心打磨经典的乐趣，返璞归真，向青少年呈现木工制作的完整面貌，引领学生体验设计、制作、改进的全过程。

优必学人工智能机器人科普研学基地以“国家级先进机器人制造工业研学”为特点，以打造国内外领先的人工智能科普体验为核心，提供从零部件生产、组装，到机器人制造的全流程体验。

参考行程

上午：前往【诚毅科技探索中心】

参观诚毅科技探索中心主题展区，通过“智造工坊”系列课程，如“源本造物”木艺课堂，学生通过观摩了解木艺制作流程，探索古代传统工艺榫卯结构的奥秘，结合实际操作木艺切割机，从学习、模

仿到熟练、创新，将木工制作原理延伸至学习和生活中的应用，在实践过程中感受匠人精神，强化劳动观念。

下午：前往【优必学人工智能机器人科普研学基地】

参观国内高水平机器人及智能制造工厂，近距离与机器人互动，增强人工智能企业感知，了解最新科技成果，与机器人工程师开展面对面答疑，并从现实生活中的某个应用场景出发，通过项目式的学习、探索，为机器人设计提供解决方案。

温馨提示

两地相距约13公里，车程约20分钟。

诚毅科技探索中心平日周一闭馆，节假日及7—8月周一不闭馆。

3 “以光为轫”厦门科技馆+3D打印科普教育基地1日研学

线路类型

工程技术类。

串联单位

厦门科技馆、3D打印质量评价科普基地。

推荐理由

厦门科技馆的探索•发现馆中的光学体验区域结合了小学科学中阳光下的影子和平面镜成像章节相关内容，有丰富的展品和精彩的激光表演。3D打印科普教育基地为厦门市计量检定测试院开设。3D打印技术从开始到发展至今，光的运用扮演了重要的角色。本路线让孩子们从走进光、学习光，到了解与体验光在高端前沿科技中的运用，树立“科技强国，强国有我”的信念。

参考行程

上午：前往【厦门科技馆】

参加“光影世界”系列课程：拾光之旅，领略全息世界，认识掌握光的性质、不同类型的镜子、全息投影等原理，同时通过趣味十足的光学表演玩转光学知识，了解光的概念、内涵和外延等相关光影的科学知识。

下午：前往【3D打印质量评价科普基地】（约10分钟车程）

参观3D计量文物博物馆、参加“我是科普小达人”活动，分组通关认识上下五千年的计量文化，体验显微镜、游标卡尺、焦度计，用3D打印笔绘图和成形模型。

温馨提示

如需参观场馆，上下午学习可灵活安排，厦门科技馆17点整闭馆；两个基地中均有其余同类课程可供选择。

4 “小小建筑师”清华海峡研究院未来科技馆+厦门桥梁博物馆1日研学

线路类型

建筑结构类。

串联单位

清华海峡研究院未来科技馆、厦门桥梁博物馆。

推荐理由

桥梁和建筑在日常生活中几乎随处可见，它们种类丰富，坐落于城市乡间的每一个角落，就像是一本本包罗万象的教科书，蕴藏着建筑结构的奥秘。该路线从科学、技术、工程、人文、历史等多角度出发，走进清华海峡研究院未来科技馆，掌握吸管和Strawbees的搭建技巧，探究影响建筑稳定性的因素；走进厦门桥梁博物馆，学习了解海沧大桥的科技知识，探究悬索桥结构及建造工艺，充分激发学生思维，引领学生学会独立思考，探索人类在建筑、造桥上体现的设计智慧。

参考行程

上午：前往【清华海峡研究院未来科技馆】

参观清华海峡研究院未来科技馆，认识世界各地不同地域、文化的建筑特色，引发对建筑与人文的思考；通过吸管与Strawbees的神奇结合，充分发挥想象力和创新性，制作创意建筑；通过抗震、抗风等测试探究建筑结构的重心与稳定性，实现从理论知识迈向创新与实践。

下午：前往【厦门桥梁博物馆】

走进海沧大桥建设展示馆，了解桥梁世界。通过观看悬索桥施工工艺视频、桥梁模型、主要部件结构，学生了解悬索桥的建造特点；通过聆听建设者勇于探索、攻坚克难的故事，再加上比较实验，探究不同形状和结构桥梁的建造技术及其差异性；在搭建模型中认识桥梁结构，培养探究意识、动手能力和合作精神。

温馨提示

两地相距约11公里，车程约20分钟。

厦门桥梁博物馆周二至周日开馆，只接受提前预约。

“追光者”通士达光影体验馆+同安科技馆1日研学

线路类型

科技探索类。

串联单位

通士达光影体验馆、同安科技馆。

推荐理由

人类自诞生以来，便从来没有停止过对光的追求。从洞穴时代的钻木取火，到铁器时代的火药火器，从需要借助月光、萤火照明，到蒸汽时代，电灯的发明使得人类终于可以抵御无边黑夜。而在“追求人类进步之光”的过程中，努力前行的人自然就能从一个“追光者”跃而成为“发光体”，比如苏颂。

参考行程

上午：前往【通士达光影体验馆】

参观光影体验馆—科普之光微课堂—制作一盏灯—点亮明灯，了解人类追求光明的历史，学习与光影有关的科普知识，理论联系实际，融合各学科知识体系。

下午：前往【同安科技馆】（约30分钟车程）

了解水运仪象台的由来、制作过程、科学原理，动手组装鲁班锁，学习苏颂文化，全面认识苏颂，深入了解苏颂7项世界第一，发扬科学家精神。

温馨提示

周一闭馆，团队参观需要预约。

线路6 "健康的你"科技馆+眼科医院科普基地1日研学

线路类型

生命健康类。

串联单位

厦门科技馆、科宏眼科医院科普教育基地。

推荐理由

厦门科技馆设有独立的和谐·发展馆，以"健康的你""活力的你""特别的你"为主线构建出人的生命循环系统的丰富展品，是学习人体生命构造及了解自身的绝佳场所。科宏眼科医院是一家集"医疗、教学、科研、防盲治盲"为一体的三级眼科专科医院，让孩子们进一步认识眼睛的构造与保护，深化生命健康的学习。

参考行程

上午：前往【厦门科技馆】

参加"奇妙人体"系列课程：人体探险队课程，通过展品体验直接经验的形式收获关于人体、生命以及身体健康的知识；通过互动实践探究学到更多关于人体科学的知识，体验生命的和谐与美好，理解生命健康的重要性。

下午：前往【科宏眼科医院科普教育基地】（约10分钟车程）

参加"小小眼科医生职业体验"课程，孩子们将穿上医生袍，和家长们互动，实际操作检查仪器，从眼科医生角度学习到眼保健的知识，了解眼球的发展概况、近视的主要原因、如何预防和控制近视，纠正了一些常见的错误观念。

温馨提示

如需参观场馆，上下午学习可灵活安排，厦门科技馆17点整闭馆。

7 “保护水精灵”天文馆+水质净化厂+科技馆2日研学

线路类型

自然资源类。

串联单位

厦门市青少年天文气象馆、筼筜水质净化厂、厦门科技馆。

推荐理由

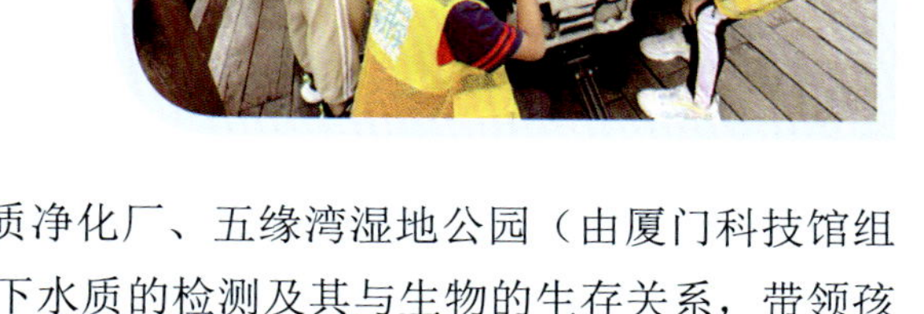

本线路地点包含了厦门市青少年天文气象馆、筼筜水质净化厂、五缘湾湿地公园（由厦门科技馆组织），从水的三态、水循环，到污水的净化，再到自然环境下水质的检测及其与生物的生存关系，带领孩子们通过科学的方法与工具深刻学习理解水资源及其保护的重要性，践行水资源保护的使命。

参考行程

第一日上午：前往【厦门市青少年天文气象馆】

参加“一滴雨的奇幻之旅”课程，围绕“雨的形成”“雨的作用”等问题探究关于“雨”的一切，学生通过中国厦门台风科技馆的互动展项体验，在实践中收获知识，锻炼探究和解决问题的能力。

第一日下午：前往【筼筜水质净化厂】（约12分钟车程）

参观城市污水处理全过程，了解污水处理技术、污水处理技术发展趋势，了解污水处理厂服务于社会，在改善、保护水环境、人居环境质量方面所带来的显著效益，从而树立节水意识，增强环境保护社会责任感。

第二日：从【厦门科技馆】出发，包车前往五缘湾湿地公园（约17分钟车程）

参加“湿地水文条件与物种丰富度调查”课程，调查湿地公园3个不同区域内浮游动植物的物种丰富度、检测水的酸碱度及氧气含量、采集自然素材搭建“生态绿地图”，通过实验探究了解水对其中生活的生物的影响，理解水质保护的重要性。

温馨提示

如需住宿可选择在厦门科技馆与筼筜水质净化厂之间或厦门科技馆附近，两者间车程约18分钟。

线路8 “筑梦太空”诚毅科技探索中心+厦门三圈模型科技体验基地2日研学

线路类型

航天科普类。

串联单位

诚毅科技探索中心、厦门三圈模型科技体验基地。

推荐理由

习近平总书记多次说道：“探索浩瀚宇宙，发展航天事业，建设航天强国，是我们不懈追求的航天梦。”该路线通过情景化、沉浸式手法将航天科普体验融入科普课堂、模拟实践、展项互动、多媒体展示中，增强航天科普教育的趣味性、体验感、吸引力。

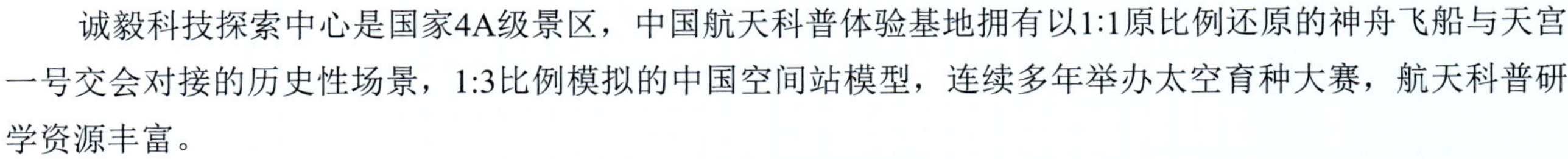

诚毅科技探索中心是国家4A级景区，中国航天科普体验基地拥有以1:1原比例还原的神舟飞船与天宫一号交会对接的历史性场景，1:3比例模拟的中国空间站模型，连续多年举办太空育种大赛，航天科普研学资源丰富。

三圈模型科技体验基地是目前国内乃至全世界规模最大、配套最齐全、涉及项目最多，集科普、竞技、培训、教育为一体的科技体育体验基地，模型科技展馆展示了航空航天、航海、车辆模型的发展史及各类模型珍品。

参考行程

第一天上午：前往【诚毅科技探索中心】

参观主题展区，近距离接触珍贵航天模型——感受火箭发射升空的震撼；进入1:1比例还原天宫一号和神舟飞船对接的航天互动体验舱，参观中国空间站模型，体验航天员在太空的真实生活环境，完成各种太空探险任务。

第一天下午：【诚毅科技探索中心】

通过“筑梦九天”航天系列课程，学习中国航天事业发展概况及重大科技成果，掌握“长征系列”火箭的基本结构特征；了解火星的基本情况、地形环境以及火星的衣食住行，动手拼装火星车，探究祝融号火星车的故事。

第二天上午：前往【厦门三圈模型科技体验基地】

参观海陆空模型科技展馆，通过对海、陆、空模型发展历程及模型构造原理的展示进行模型科技的普及与宣传；通过亲手操控海、陆、空模型的实践环节，训练独立解决问题的能力，提高分析、搜索信息的能力。

第二天下午：返回【诚毅科技探索中心】

依据场馆内主题展区和学生两天的航天科普知识积累，要求学生完成相应的太空任务挑战，并进行成果展示，进一步加深青少年对航天的热爱之情。

温馨提示

两地相距约9.5公里，车程约20分钟。

宿营地点可选择在诚毅科技探索中心酷小毅城市营地（太空舱宿营）、厦门三圈模型科技体验基地，或两地附近的任一宿营地点。

诚毅科技探索中心平日周一闭馆，节假日及7—8月周一不闭馆。

线路 9 “海丝风貌 奇珍异兽”诚毅科技探索中心+厦门灵玲国际马戏城2日研学

线路类型

航海、自然类。

串联单位

诚毅科技探索中心、厦门灵玲国际马戏城。

推荐理由

在海上丝绸之路时期，我国的科学艺术、生产技术和商业文明都达到了世界巅峰，为推动世界科学技术、文化融合和商业发展都做出了巨大贡献。无数的瓷器、丝绸等国内特产以及亚非各国的奇珍异宝、奇珍异兽、奇花异木等通过海上丝绸之路进行交换。在该路线中，学生可进一步感受海上丝绸之路的发展历史，在“全国海洋科普教育基地”诚毅科技探索中心探究国家级非遗技艺——水密隔舱福船制作技艺，在汇聚上百种来自全球的珍稀动物的厦门灵玲国际马戏城中感受万国风情，看尽世界动物国宝，探索动物奥秘。

参考行程

第一天上午：前往【诚毅科技探索中心】

走进“全国海洋科普教育基地”诚毅科技探索中心，进行“航海知识学习”互动体验活动。前往海洋总动员、航海实验室主题展区体验，学习航海知识，探究船舶推进力的变化；参观水密隔舱福船展区，近距离感受国家非物质文化传承人刘祖博先生亲手制作的福船模型。

第一天下午：【诚毅科技探索中心】

通过“海丝之路巨辉煌 千年古船今犹在”主题科普，引导学生了解海上丝绸之路的发展历程、文化内涵、贸易交流等知识；通过深入讲解水密隔舱福船，让学生通过团队协作拼装福船模型，在实践中探究福船“船不进水”的奥秘，进一步发展勇于探究、合作交流、沟通协调、实践创新等素养。

第二天上午：前往【厦门灵玲国际马戏城】

前往灵玲动物王国，跟随动物讲师认识来自五大洲的珍稀动物，了解如大熊猫、小浣熊、鸵鸟、耳廓狐、小熊猫等动物的基本知识及生活习性，建立物种多样性的印象；能够通过讲解区分动物食性的标准，为食物链知识点做铺垫。

第二天下午：【厦门灵玲国际马戏城】

观赏由国际级团队联袂创制，汇聚五大洲数百名马戏精英、上百种珍禽异兽等超豪华演出阵容的精彩马戏表演，进一步开拓视界。结合研学活动中对动物的认知与互动，深层次掌握什么是生物链，通过科普游戏直观了解生物链崩塌的后果，认识到爱护环境、保护动物的重要性。

温馨提示

两地相距约1.5公里，车程约5分钟。

宿营地点可选择在诚毅科技探索中心酷小毅城市营地（太空舱宿营）、厦门灵玲国际马戏城，或两地附近的任一宿营地点。

诚毅科技探索中心平日周一闭馆，节假日及7—8月周一不闭馆。

线路10 “游到海水变蓝”科技馆+海洋三所+海洋博物馆2日研学

线路类型

海洋探索类。

串联单位

厦门科技馆、自然资源部第三海洋研究所科普教育基地、厦门大学海洋科技博物馆。

推荐理由

本线路涵盖了国家级海洋科普基地厦门科技馆、自然资源部第三海洋研究所、厦门大学海洋科技博物馆，既有关于海洋的科学探索和趣味体验，也可以看到海洋生物的原始风貌，更有海洋人工智能的体验，可提供孩子们进行全方位的海洋探索，深入学习海洋知识，化身海洋小卫士，树立正确的海洋观。

参考行程

第一日：前往【厦门科技馆】，结束后前往住宿点

参加“向海而生 领略海洋奇缘”系列课程，课程包括“‘鱼’你有约”“一颗微塑料的旅行”“探海格局”，分别从物种鱼类的角度、微塑料污染对海洋影响的角度、家园海洋的角度展开课程学习。

第二日上午：前往【自然资源部第三海洋研究所科普教育基地】

参观鲸豚展馆、珊瑚保育馆，感受海洋生物的神奇与魅力；通过多媒体设备及影像资料，系统地了解海洋生物多样性对海洋环境的重要性，感受海洋保护的重要意义，提高海洋保护意识。

第二日下午：前往【厦门大学海洋科技博物馆】（约13分钟车程）

参观“嘉庚水母”（1926 年）、中华白海豚、砗磲等珍贵的标本，更有观海弄潮的宠儿“嘉庚”号科考船；围绕数字化博物馆、机器鱼和导览机器人等方面展示博物馆在海洋人工智能方面取得的成绩并开展体验活动。

温馨提示

住宿地点可选择在厦门科技馆与海洋三所之间或在任何一个地点附近，两者间车程约15分钟。

线路 11 “珍爱生命 共享健康”诚毅科技探索中心+保生青草药传习中心2日研学

线路类型

生命健康类。

串联单位

诚毅科技探索中心、厦门市海沧区保生青草药传习中心。

推荐理由

生命健康教育有利于帮助青少年认识生命、珍惜生命、尊重生命、热爱生命。该路线以生命健康为科普主线，走进厦门市防震减灾科普教育基地（诚毅科技探索中心），在实践中了解必要的防震减灾知识，掌握危急情况下简单有效的自救方法，从而保护自己减少伤害。生命健康教育与日常生活息息相关，闽南青草药蕴藏着高深而通俗的智慧，人人皆可学以致用。走进保生青草药传习中心，学习养生防病知识，感受医者仁心的精神，引导青少年改变不良饮食、起居、情绪，从而更好地收获健康。

参考行程

第一天上午：前往【厦门市防震减灾科普教育基地（诚毅科技探索中心）】

走进厦门市防震减灾科普教育基地（诚毅科技探索中心），从视觉、听觉、体感和实训探索等多重方式，引导学生进一步学习地震的成因和类型，了解防灾减灾科技；创设现实中遇到的问题——“在城市生活中，遇到地震怎么办”，通过实景模拟，让学生掌握危急情况下一些简单有效的自救技能。

第一天下午：【诚毅科技探索中心】

通过模拟救援队的救援技术训练，学习在低能见度下如何安全逃生；完成创伤处置，了解对于环境安全的评估、伤情评估，掌握急救包扎及心肺复苏的处理原则和正确处理方法，能够准备对受伤人员进行应急转移的担架并完成对受伤模拟人的转移，让安全伴随青少年茁壮成长。

第二天上午：前往【厦门市海沧区保生青草药传习中心】

初步了解闽台青草药的渊源、日常生活的养生常识，并学习常见青草药的形态、性味、功效等知识；了解认药、采药的注意事项，通过眼观、鼻闻、口尝学习常见青草药，学习探究闽台青草药的药膳史、厦门民间药食同源习俗，真正让青少年学以致用，健康快乐成长。

第二天下午：【厦门市海沧区保生青草药传习中心】

通过学习经络和穴位，懂得简单的保健常识，认识到养生的重要性。在日常生活中，青草药还有很多妙用，在老师的引导下，学生将青草药加工制作成日用品，如香囊、防蚊膏、手工皂等，使青草药与劳动教育相结合，锻炼动手能力。

温馨提示

两地相距约22公里，车程约30分钟。

宿营地点可选择在诚毅科技探索中心酷小毅城市营地（太空舱宿营）、厦门市海沧区保生青草药传习中心，或两地附近的任一宿营地点。

诚毅科技探索中心平日周一闭馆，节假日及7—8月周一不闭馆。

线路 12 “阅览博物鼓浪行”故宫鼓浪屿外国文物馆+厦门海底世界2日研学

线路类型

博物养志类。

串联单位

故宫鼓浪屿外国文物馆、厦门海底世界。

推荐理由

博物馆是全人类的藏宝屋，珍藏着世界上各民族的回忆、文化与梦想。20世纪80年代以来，在后现代主义理论（postmodernism）的影响下，博物馆教育从“权威教化”型发展为“学习体验”型。这意味着现今的博物馆教育，是以观众个体为主导的、主动体验式的，所以教育项目的形式与内容更加多元，并紧密贴合观众需求。这样的活动，内容紧凑，逻辑性强。跟着活动单的参观绝对不是走马观花，而且充满故事性的主题参观可以让孩子们每次来博物馆都充满了新鲜感。

参考行程

第一日上午：前往【故宫鼓浪屿外国文物馆】

带着任务参观故宫博物院藏外国文物展，了解珐琅器及珐琅工艺，到创意工坊学做掐丝珐琅画；学习紫禁城宫殿建筑的特点，了解屋顶上的琉璃构件——正吻，认识屋顶上特别的小神兽，最后根据学习到的知识进行趣味互动游戏和创意DIY。

第一日下午：前往【厦门海底世界】（步行10分钟）

“鱼你同眠——探寻世遗•海洋奇妙夜”：了解海洋生物，探索生物的夜间习性。夜宿“海底隧道”，不仅可以近距离观察隧道内的各种鱼类，还可以体验多种鲨鱼在您的头顶陪伴着入眠。

第二日早上：发放海洋证书，早餐后解散

温馨提示

鼓浪屿轮渡需提前购票；博物馆周一闭馆，团队参观需要预约。

线路 13 “这就是生物”植物引种园+植物研究所+科技馆3日研学

线路类型

自然探索类。

串联单位

厦门华侨亚热带植物引种园科普教育基地、厦门科技馆、福建省亚热带植物研究所。

推荐理由

大自然是孩子的第二课堂，从小培养孩子热爱自然、尊重生命是孩子社会实践活动中不可或缺的部分。本条线路不仅让孩子近距离接触丰富的动植物资源，还能让孩子通过实验探究的方式和动植物产生更深刻的交谈，培养学生科学的学习态度、对科研的兴趣和对大自然的热爱之情！

参考行程

第一日上午：指定地点出发，前往【厦门华侨亚热带植物引种园科普教育基地】

参加“‘观察+’系列之花”课程，在自然中畅游，观察了解花部结构；通过花结构微观解剖，锻炼动手能力，提高专注力。

第一日下午：【厦门华侨亚热带植物引种园科普教育基地】活动，结束后前往住宿点

参加“‘观察+’系列之果实”课程，通过望、闻、尝等多个感官认识异国他乡的植物，开展水果知识互动，换取品尝奇异果实的机会；通过果实分门别类，学习科学归类的原理。

第二日上午：住宿点出发，前往【厦门科技馆研学实践教育基地】

参加“动物王国侦探实验室”课程，化身小侦探，与动物王国中的黑王蛇、葵花鹦鹉、老爷树蛙、暹罗鳄等各类动物进行互动，了解动物们的结构特点、生活习性、特殊本领，结合科学实验逐步揭开案件真相。

第二日下午：“厦门科技馆研学实践教育基地”活动，结束后前往住宿点

参加“了不起的‘动物工程师’”课程，接受“台风侵袭，鸟类失去家园”的情境挑战，探讨解决问题的具体方案；通过自行设计和动手制作人工鸟巢作品，测试人工鸟巢的实用性与舒适度，解决无家可归的小鸟遇到的现实困难。

第三日：住宿点出发，前往【福建省亚热带植物研究所】

参观福建省亚热带植物生理生化重点实验室、海西植物天然产物提取纯化中试基地等相关生物实验室；通过活动认识植物的栽培、养护和植物资源开发利用技术。

温馨提示

住宿地点可选择在厦门科技馆研学实践教育基地与亚热带植物研究所之间或在任何一个地点附近，两者间车程约15分钟。

线路 14 “海错之旅”海洋探索5日研学

线路类型

海洋探索类。

串联单位

万千极美营地、国家海洋局第三海洋研究所、厦门贝壳梦幻世界科普教育基地、集美大学船模博物馆、筼筜水质净化厂、厦门科技馆、厦大海洋科技博物馆。

推荐理由

线路以问题式驱动，学生在不同的课题中通过游玩认识本市本土与珍稀海洋生物，了解本市海洋资源、海洋特点、海洋历史，并能结合学科知识理解本市科研成果、海洋地理与人文，学会用科学的方式助力海洋环保，树立环保意识。

参考行程

第一天：

到国家海洋局第三海洋研究所，认识海洋生物与环境保护；到八市沉浸式探索，在吃、玩、学中寻味，了解厦门海洋资源与伏季休渔制度；出发去到厦门贝壳梦幻世界科普教育基地，挖掘埋藏在化石土层中的瑰丽贝壳。

第二天：

到集美大学船模博物馆，参加“船模发展与历史”课程后，开展海边篝火之夜、清洁海岸海滩活动。

第三天：

前往筼筜水质净化厂，实地参观城市污水处理厂；在厦门科技馆近距离观察蛟龙号，了解深海探测、科技强国的意义。

第四天：

探秘厦大海洋科技博物馆，系统认识海洋学科；去五缘湾，了解航海文化与帆船运动，体验帆船出海的快乐

第五天：

上科考船，认识船载科考装备与仪器，学习海洋科考的方法。

温馨提示

住宿地点位于厦门市集美区杏锦路386号中国厦门集美研学（近灵玲马戏城入口），地铁官任站转915/911路公交车至九天湖站，公交390、911、927路至九天湖站，集游1线至灵玲大酒店站，公交890、900、902、906、907、910、911、947、948、957路至灵玲马戏城站。

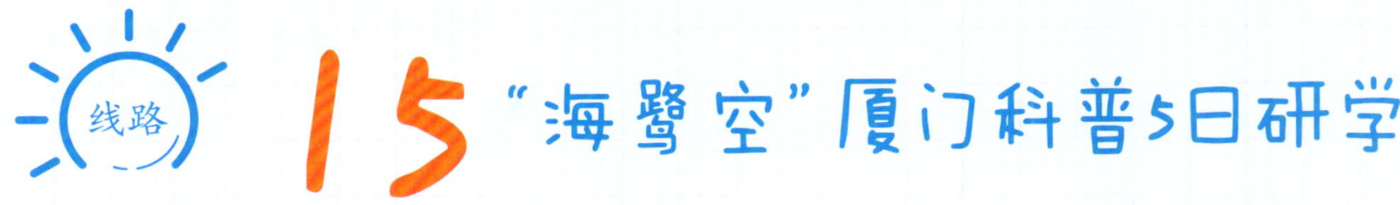

线路15 “海鹭空”厦门科普5日研学

线路类型

科技科普类。

串联单位

诚毅科技探索中心、天语舟气象科技园、自然资源部第三海洋研究所、厦门大学海洋科技博物馆、梅海岭蝴蝶谷、福建省亚热带植物研究所、太古培训中心、庄家宝蔬菜专业合作社、万千极美营地。

推荐理由

线路围绕海、鹭（陆）、空三大主题设计线路，以《中小学科学课程标准》为主轴线，结合语文、生物、地理学科课标，以厦门本土的特色资源与人文历史为依托，走进科研人员的工作场所，通过参访、实操等趣味十足的体验活动强化中小学生认识魅力厦门的科技一面，培养对科研职业的认知，树立远大理想。

参考行程

第一天：

去诚毅科技探索中心参加“天问访荧惑 祝融探火星”课程，认识火星和中国火星探测计划。

第二天：

在天语舟气象科技园的“航海气象小博士”课程中，了解海洋气象及台风；走访自然资源部第三海洋研究所，认识海洋动物与珊瑚属性；到厦门大学海洋科技博物馆，了解中外海洋学科的发展历史。

第三天：

前往梅海岭蝴蝶谷，了解昆虫的形态特征；走访福建省亚热带植物研究所，了解闽南中医药文化与草本的神奇及植物实验室的功能和设备。

第四天：

出发太古培训中心，零距离接触民航飞机；趣玩庄家宝蔬菜专业合作社，学习农业种植知识，体验新农人的智慧。

第五天：

在万千集美营地参加“万千科创人工智能无人机”课程，了解3D打印原理和航空航天器基础知识，以及无人机结构组成及飞行原理和无人机控制方法。

线路 16 “高新厦门 智启未来”工程技术5日研学

线路类型

工程技术类。

串联单位

厦门科技馆、中国科学院城市环境研究所、3D 打印质量评价科普基地、优必学人工智能机器人科普研学基地、清华海峡研究院未来科技馆、诚毅科技探索中心、厦门三圈模型科技体验基地、厦门通士达光影体验馆。

推荐理由

本次活动以“高新厦门 智启未来”为主题，带领青少年用科技的眼光看厦门，感受智慧城市的魅力，让科技教育走进学生的学习和生活，加深学生对于当今飞速发展的科学技术的认识及理解，增强民族自豪感。同时通过科普研学探访高新技术，让青少年在感知、探索和体验中，激发个人的科学兴趣、启迪科学观念、开拓想象力，培养学生的探究精神和科学素养。

参考行程

第一天：

前往厦门科技馆海沧研学基地，体验“生物与工程”系列课程：了不起的“动物工程师”。

第二天：

出发去中国科学院城市环境研究所学习城市环境物联网；走访3D打印质量评价科普基地，进行长度计量知识体验。

第三天：

前往优必学人工智能机器人科普研学基地，感受机（器人）·智（能制造）之旅；走访“清华海峡研究院未来科技馆”，在创客工坊中体验吸管工程师的乐趣。

第四天：

出发去诚毅科技探索中心，趣玩主题展区，探究“智造工坊”系列课程：乐毅机器人，夜间可体验太空舱宿营。

第五天：

前往厦门三圈模型科技体验基地，探索海陆空模型科普知识；前往厦门通士达光影体验馆揭秘光影的奥秘。

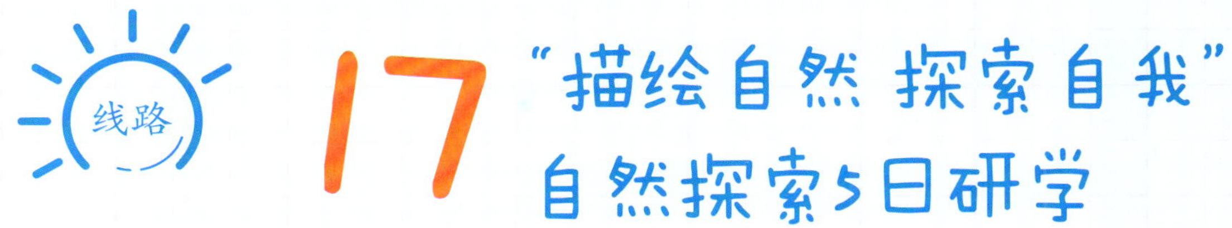

线路17 "描绘自然 探索自我"自然探索5日研学

线路类型

自然探索类。

串联单位

厦门园林植物园、厦门华侨亚热带植物引种园科普教育基地、厦门灵玲国际马戏城、厦门科技馆、梅海岭蝴蝶谷研学基地。

推荐理由

本次活动以"描绘自然 探索自我"为主题，引导孩子在大自然中做观察，看自然的连续剧，听自然讲故事，去发掘各种生物的武功或特技——自然是一个整体，每个生命都相互联系。通过自然观察与自然体验，引导儿童观察自然生态间的生命关系，感受大自然共生共荣的基本互利原则，培养珍惜生命，尊重生命的生活态度。

参考行程

第一天：

前往厦门园林植物园，认识典型植物的基本特征，感受夜间探索的神秘。

第二天：

出发去鼓浪屿，感受琴岛风情；前往厦门华侨亚热带植物引种园科普教育基地，认识世界各地热带亚热带经济植物。

第三天：

前往厦门灵玲国际马戏城，畅游动物王国，一天看遍来自五大洲的动物国宝，探索与了解有趣的动物知识。

第四天：

出发去厦门科技馆海沧研学基地，体验自然科学系列课程：动物王国侦探实验室，了解动物的分类、特征和本领，了解动物的多样性。

第五天：

前往梅海岭蝴蝶谷研学基地，沉浸式的自然体验，近距离与蝴蝶亲密互动，学习蝴蝶的身体结构和生态行为，感悟生命的神奇和奥妙。

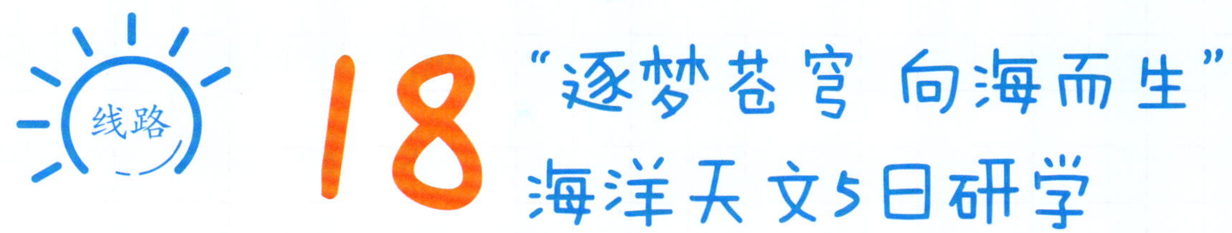

线路18 "逐梦苍穹 向海而生"海洋天文5日研学

线路类型

海洋天文类。

串联单位

诚毅科技探索中心、厦门市同安区科学技术馆、厦门海底世界、厦门贝壳梦幻世界科普教育基地、厦门科技馆、自然资源部第三海洋研究所科普教育基地、厦门大学海洋科技博物馆。

推荐理由

浩瀚海洋，无垠宇宙，是未知，是神秘，是希望，是未来。本次活动结合厦门地域特色，以"逐梦苍穹 向海而生"为主题，引导青少年"上九天揽月，下五洋捉鳖"，构建青少年宇宙观，使青少年了解先进的航天技术，切身感受大海的怀抱，共同续写一段海洋奇缘，充分激发他们的想象力，进一步引导青少年以科学的视角认识这个世界，感悟强大的综合国力。

参考行程

第一天：

前往诚毅科技探索中，趣玩主题展区，化身小航天员，了解航天科普知识，学习"筑梦九天"航天系列课程，制作航天器模型，夜间可体验太空舱宿营。

第二天：

在诚毅科技探索中心体验"寻梦海丝"航海系列课程，制作福船模型，激发对海洋科技和发展的兴趣。

前往厦门市同安区科学技术馆，近距离接触苏颂世界首创巨作——1:1比例水运仪象台、假天仪。

第三天：

前往鼓浪屿，走访厦门海底世界、厦门贝壳梦幻世界科普教育基地，认识海洋生物多样性。

第四天：

出发去厦门科技馆，学习“向海而生，领略海洋奇缘”系列课程，化身海洋小卫士，树立正确的海洋观。

第五天：

走访自然资源部第三海洋研究所科普教育基地，参观各类海洋珍稀动物标本；前往厦门大学海洋科技博物馆，近距离接触和体验博物馆的机器人和机器鱼，探究智慧海洋建设。

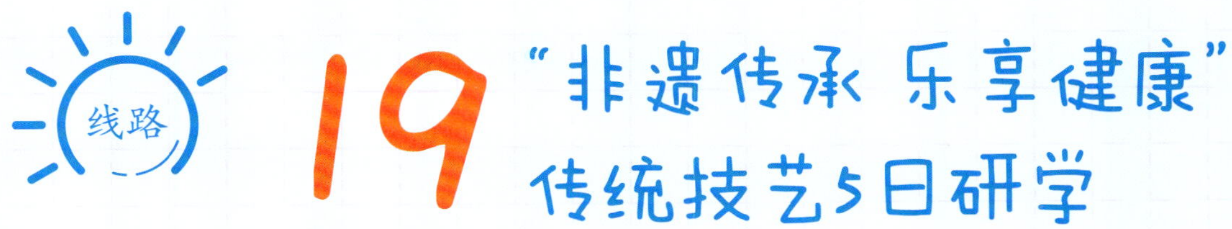

线路 19 “非遗传承 乐享健康”传统技艺5日研学

线路类型

传统技艺类。

串联单位

诚毅科技探索中心、万千极美营地、古龙酱文化园、厦门市海沧区保生青草药传习中心、厦门市青少年天文气象馆（天语舟）、厦门科技馆、科宏眼科医院科普教育基地、厦门惠和石文化园。

推荐理由

本次活动以“非遗传承 乐享健康”为主题，一方面用非遗传承和研学实践活动相融合的方式，带领青少年走进厦门，近距离地了解并感受中华传统文化及闽越古人传统文化的魅力，将古老的文化传承下去。另一方面通过开展科普研学活动，将生命安全与健康教育有机地结合起来，引导学生树立正确的人生观、健康观、安全观，形成健康的行为习惯和生活方式，并自觉培养和保持健康行为，为终身健康奠定坚实基础。

参考行程

第一天：

出发去诚毅科技探索中心，体验智造工坊系列课程：源本造物，传承木艺文化，弘扬劳动精神；体验学习“小宝当家”生命安全系列课程，在实践中掌握必要的防震减灾知识，学习危急情况下简单有效的自救方法，夜间可体验太空舱宿营。

第二天：

出发去万千极美营地，感受非遗剪纸穿越体验之旅；前往古龙酱文化园，学习制酱工艺。

第三天：

前往厦门市海沧区保生青草药传习中心，探秘闽台青草药非遗文化，了解日常养生知识；前往厦门市青少年天文气象馆（天语舟），对现实生活中的自然现象进行观察和研究。

第四天：

出发去厦门科技馆，从“生命的繁衍”“身体构造和功能”“人体的生理活动”“提高身体素质”4个维度解开人体奥秘。

第五天：

走访科宏眼科医院科普教育基地，模拟从眼科医生角度学习眼保健的知识；前往厦门惠和石文化园，学习传统影雕文化，感受古代工艺匠人锲而不舍、精益求精的精神。

线路20 “华夏之风 博物之美”闲览博物5日研学

线路类型

闲览博物类。

串联单位

厦门市青少年天文气象馆（天语舟）、厦门奥林匹克博物馆、华侨博物院、故宫鼓浪屿外国文物馆、英雄三岛战地观光园、诚毅科技探索中心。

推荐理由

读万卷书不如行万里路，本次活动以“华夏之风 博物之美”为主题，带领青少年走进厦门，游览主题多样的场馆，培养博物兴趣，引导学生知道世界之美；在实践中设计了不同的主题课程，驱动青少年在真实情境下学习；通过博物研学，培养青少年观察力，以及批判和创新意识、环境保护意识、合作意识和社会责任感，为今后的学习生活以及终身发展奠定良好基础。

参考行程

第一天：

前往厦门市青少年天文气象馆（天语舟），以“风”这一常见自然现象为媒介，从激发孩子的好奇心入手，层层递进、多学科融合，让学生探究风的形成机制。

第二天：

出发去厦门奥林匹克博物馆，亲自模拟申奥、体验进场和点火仪式，更深入地了解奥运的文化与魅力；走访华侨博物院，以“华侨华人”基本陈列为学习资源，较为系统地了解华侨华人在经济、文化和政治等领域融合于居住国的历程。

第三天：

出发去鼓浪屿，领略万国建筑风情。走进故宫鼓浪屿外国文物馆，参观珍贵展品，学习传统文化知识，培养动手能力，提高鉴赏能力，体悟中西文化交流合作的重要意义。

第四天：

出发去英雄三岛战地观光园，充分利用战地观光园展陈资源与场地，围绕爱国主义、国防军事教育开设配套活动，通过“红色文化学习”与“战地军旅体验”两大课程，将理论与实操相结合，激发学生的爱国主义热情。晚上前往诚毅科技探索中心，可体验太空舱宿营。

第五天：

由专业讲解员带领学生参观诚毅科技探索中心科技展品，了解展品背后的科学原理，通过实训、模拟、实践等形式，让学生初步了解讲解员的职业生涯，在讲解过程中激发学生对科学的热爱之情。